古典文獻研究輯刊

二九編

潘美月・杜潔祥 主編

第 8 冊

《白虎通疏證》研究（上）

邵 紅 艷 著

國家圖書館出版品預行編目資料

《白虎通疏證》研究（上）／邵紅艷 著 — 初版 — 新北市：花
木蘭文化事業有限公司，2019〔民108〕
目 4+184 面；19×26 公分
（古典文獻研究輯刊 二九編；第 8 冊）
ISBN 978-986-485-947-4（精裝）
1. 文獻學 2. 版本學
011.08   108011999

ISBN-978-986-485-947-4

9 789864 859474

古典文獻研究輯刊
二九編 第 八 冊   ISBN：978-986-485-947-4

《白虎通疏證》研究（上）

作　　者　邵紅艷
主　　編　潘美月　杜潔祥
總 編 輯　杜潔祥
副總編輯　楊嘉樂
編　　輯　許郁翎、王筑、張雅淋　美術編輯　陳逸婷
出　　版　花木蘭文化事業有限公司
發 行 人　高小娟
聯絡地址　235 新北市中和區中安街七二號十三樓
　　　　　電話：02-2923-1455 ／傳真：02-2923-1452
網　　址　http://www.huamulan.tw 信箱 hml 810518@gmail.com
印　　刷　普羅文化出版廣告事業
初　　版　2019 年 9 月
全書字數　255453 字
定　　價　二九編 29 冊（精裝）　新台幣 58,000 元
版權所有 · 請勿翻印

《白虎通疏證》研究（上）

邵紅艷　著

作者簡介

邵紅艷，山東省汶上縣人。2014 年畢業於浙江大學古籍研究所，獲博士學位，同年進入曲阜師範大學文學院工作至今。2016 年進入山東大學儒學高等研究院從事博士後研究工作。主要從事先秦兩漢文學文獻研究，曾在《中華文史論叢》、《圖書館雜誌》等刊物上發表論文。

提　　要

　　漢代，班固撰《白虎通》，清代的陳立為之疏解，著《白虎通疏證》十二卷。本文從文獻學角度對陳立《白虎通疏證》進行研究，以解決《白虎通疏證》版本選擇與文本利用方面存在的一些問題，主要深入研究了以下幾方面：

　　一、考證了《白虎通疏證》版本的優劣。通過異文考證與統計數據得出《皇清經解續編》本優於淮南書局本，並論說了中華書局整理點校本《白虎通疏證》在底本選擇與點校方面的缺失，亦指出了《續修四庫全書》所收《白虎通疏證》的版本並非善本。

　　二、揭示了《白虎通疏證》的體例與成績。通過對陳立所創體例從部分到整體的關照，可以更好地理解陳立疏解時的行文特點以及著力點。通過對陳立所取得的校勘成績與訓詁成績的探討，可以更好地把握陳立《白虎通疏證》的價值所在。如，既有校《白虎通》原文與盧文弨注以及徵引文獻的校勘學價值，又有辨明今古文書與訓釋字、詞義等方面的語言學價值。

　　三、論說了《白虎通疏證》的缺失。通過原因分析與文本表現的舉例論說，指出了《白虎通疏證》還存在一些問題，該書亟需繼續整理完善。

　　四、概括了《白虎通疏證》的影響力。學者對陳立《白虎通疏證》的讚譽以及其學說理論的贊同是最好的詮釋。另外，輯錄了該書頗具影響力的一個方面，即陳立在辨別今古文說方面所做的努力。

　　五、整理點校《白虎通疏證》。本文下編以《皇清經解續編》本《白虎通疏證》為底本進行整理點校。其創新之處表現在三個方面：第一，所選底本為真善本；第二，所搜集到的《白虎通疏證》相關版本較為齊全；第三，全面吸收孫詒讓、孫星華、劉師培等前輩的校勘成果。下編僅錄《白虎通疏證》第一卷為例，以便引起學界重視。

目

次

上　編

凡　例

一、《白虎通疏證》十二卷原文，據上海書店 1988 年版《皇清經解續編》第 5 冊影印清光緒十四年南菁書院刊本，另施標點。

二、徵引文獻內，誤字用「（／）」校訂，如，「待放（木／去）」；衍文用「（ ）」標明，如，「（王）三十里者」；脫文用「【 】」補入，如，「董仲舒【說】」。

三、班固《白虎通》與陳立《白虎通疏證》的版本，採用簡稱。主要有：

《中華再造善本》影印元刻本《白虎通》——元刻本

《中華再造善本》影印元大德九年無錫州學刻本《白虎通德論》——元大德本

《四部叢刊初編》影印元大德覆宋監本《白虎通德論》——《四部叢刊》本

《叢書集成初編》影印《抱經堂叢書》本《白虎通》——盧校本

清光緒元年淮南書局刻本《白虎通疏證》——淮南本

清光緒十四年南菁書院校刊《皇清經解續編》本《白虎通疏證》——《續編》本

《續修四庫全書》第 1142 冊影印清光緒元年淮南書局刻本《白虎通疏證》——《續修四庫》本

中華書局 1994 年版《新編諸子集成》本《白虎通疏證》——中華整理點校本

第一章　緒　論

第一節　前人研究文獻綜述

　　東漢，章帝舉行白虎觀會議，由班固總結纂成《白虎通》一書。清代，學者對《白虎通》多有研究，莊述祖（1750～1816）輯《闕文》七篇，并撰《白虎通義考》一卷。在此基礎上，盧文弨（1717～1795）覆校莊本并集眾家說成抱經堂本《白虎通》四卷（每一卷皆分上、下），於乾隆四十九年（1784）刊版。清道光年間，陳立（1809～1869）據盧文弨抱經堂本《白虎通》，撰成《白虎通疏證》十二卷。

　　陳立（1809～1869），字卓人，號默齋，江蘇句容人。道光二十一年（1841），考中進士，「二十四年，補應殿試，選翰林院庶吉士。散館，改刑部主事。升郎中，授雲南曲靖府知府」〔註1〕，「受業於凌曙、劉文淇」〔註2〕。著作有《白虎通疏證》、《公羊義疏》、《爾雅舊注》、《說文諧聲孳生述》、《句溪雜著》、《春秋論》、《春秋賞罰格》、《中庸崇禮論》、《儀禮決獄》、《論語述何》、《穀梁廢疾申何》、《箴膏肓論評》、《發墨守許》、《夏時傳箋》、《緯略》、《舊唐書校勘記》等。從陳立的著書立說來看，他傾向闡釋經今文學思想，《白虎通疏證》不僅是迄今為止校釋《白虎通》的最好本子，而且也是研究今文學的重要著作。《白虎通疏證》自刊版問世以來，備受學者關注，目前，學界對這部書的整理與研究主要有：

〔註1〕國史館《清史稿校注》卷四八九，頁11118。
〔註2〕皮錫瑞著，周予同注釋《經學歷史》，頁119。

　　清光緒十二年（1886），王先謙（1842～1917）奏請，仿阮元《皇清經解》體例，輯刊《皇清經解續編》一千四百三十卷，歷時兩年，於光緒十四年刊成。陳立《白虎通疏證》十二卷是其中的一種。王氏刻《皇清經解續編》「由書院中肄業生員及當時舉人、進士等兼任」〔註3〕，比之阮氏所校「謀之更密，每卷皆由二人初、覆校而成」〔註4〕。每卷附校勘記及初校者、覆校者名氏。校勘記不僅說明《白虎通》之異文，而且對《疏證》所引典籍之異文亦詳細校讎，文本質量有很大提升。清光緒十五年，上海蜚英館石印《皇清經解續編》本。

　　1982年，中華書局《新編諸子集成》「收入先秦到唐五代的子書，著重選收與哲學、思想史的研究關係較密切的。個別不屬於子部的書如班固的《白虎通義》，因與哲學、思想史的關係較密切，也擬選入（用清陳立《疏證》）」〔註5〕。1994年，吳則虞先生的點校整理本《白虎通疏證》出版，該書以清光緒元年淮南書局刊本《白虎通疏證》為底本，「吳則虞先生負責初步校點，沈嘯寰先生負責訂正標點并補校，最後由中華書局編輯部修訂定稿，並寫校記」〔註6〕。該點校本凝聚了諸多學者的智慧，糾正了原淮南本的不少訛誤。但是，失校、誤校，新增錯誤以及斷句失當等問題相當嚴重。2003年，徐文新博士發表《〈白虎通疏證〉點校指瑕》〔註7〕，揭示了其訛誤二十二條，集中在標點失當方面，間或觸及陳立疏解文義不通以及文本訛誤。

　　1995年，《續修四庫全書·子部·雜家類》收陳立《白虎通疏證》十二卷，以清光緒元年淮南書局刊本作為底本影印。淮南刊本訛誤甚多，遠遜於光緒十四年王先謙南菁書院校刊《皇清經解續編》本。

　　目前，學界對《白虎通》的研究已開拓了古代史、哲學史，生活史等方方面面的研究。王四達《五十年來中國大陸有關〈白虎通義〉的研究狀況述評》〔註8〕、白瑞芬《〈白虎通義〉研究綜述》〔註9〕、李敏《〈白虎通義〉與

〔註3〕虞萬里《〈正續清經解〉編纂考》，後附於鳳凰出版社影印《皇清經解》第1冊，頁11。

〔註4〕虞萬里《〈正續清經解〉編纂考》，後附於鳳凰出版社影印《皇清經解》第1冊，頁12-13。

〔註5〕見《新編諸子集成出版緣起》，附於中華書局《白虎通疏證》，頁1。

〔註6〕見《出版說明》，附於中華書局《白虎通疏證》，頁4。

〔註7〕徐文新《〈白虎通疏證〉點校指瑕》，《貴州文史叢刊》2003年第3期，頁17。

〔註8〕王四達《五十年來中國大陸有關〈白虎通義〉的研究狀況述評》，《華僑大學學報》（人文社科版）2001年第1期，頁122。

〔註9〕白瑞芬《〈白虎通義〉研究綜述》，《和田師範專科學校學報》（漢文綜合版）第26卷第5期，2006年7月，頁87。

東漢經學》等等〔註10〕，其中絕大部分的著作與研究成果都離不開陳立的
《白虎通疏證》，看看諸研究論文的徵引文獻便可一目了然。

第二節　選題意義及目標、範圍、方法

　　爲了讓研經治學者更好地瞭解和利用《白虎通疏證》這部書，以展開更深
入細緻地研究，筆者萌生了本研究課題。倘若明確《白虎通疏證》的哪一個版
本最佳，研經治學者便不會把非善本文獻作爲第一手材料；倘若明瞭中華本《白
虎通疏證》點校方面的錯誤，研經治學者便不會誤引誤用；倘若可以遍校各本，
研經治學者便不會奔走各地勞於校核；倘若明瞭陳立《疏證》的貢獻，研經治
學者便不會忽略該書的重要價值；倘若知曉陳立《疏證》的缺失，研經治學者
便不會盲從。凡此種種「倘若」，即是本研究課題確立的目標。

一、版本方面

　　關於《白虎通疏證》的版本，有稿本、清抄本、清光緒元年淮南書局刊
本、清光緒十四年王先謙校刊《皇清經解續編》本，以及蜚英館石印本。本
文對有較大影響的清光緒元年淮南書局刊本與《皇清經解續編》本作詳細比
較，鑒定孰優孰劣。在此基礎上，針對中華點校整理本存在的問題做考證分
析，並指出《續修四庫全書》採用的底本跟中華本一樣，都不是善本。

二、疏證方面

　　陳立是如何進行疏證的？疏證的著力點在哪裏？他是如何利用舊有成果
的？他的貢獻表現在哪裏？回答這些問題，是本文的重點，以期明確陳立
《白虎通疏證》的成績。

三、校勘方面

　　運用文字學、音韻學、訓詁學等方面的知識校正陳立疏解存在的一些
問題，尤其是陳立的判斷失誤，力求揭示陳立《白虎通疏證》自身存在的
文本問題。

〔註10〕北京語言大學 2005 年碩士論文。

四、點校方面

遵循古籍整理在選擇底本、標點、校勘等方面的一般原則與方法，以《皇清經解續編》本爲底本，點校《白虎通疏證》，正訛補缺。下編僅錄《白虎通疏證》第一卷爲例。

第二章 《白虎通疏證》的成書與流傳

第一節 成 書

公元 79 年，東漢建初四年，皇帝主持白虎觀會議，由班固總結撰集成《白虎通》。《後漢書·肅宗孝章帝紀》：

> 十一月壬戌，詔曰：「蓋三代導人，教學爲本。漢承暴秦，襃顯儒術，建立《五經》，爲置博士。其後學者精進，雖曰承師，亦別名家。孝宣皇帝以爲去聖久遠，學不厭博，故遂立大、小夏侯《尚書》，後又立京氏《易》。至建武中，復置顏氏、嚴氏《春秋》，《大》、《小戴禮》博士。此皆所以扶進微學，尊廣道蓺也。中元元年詔書，《五經》章句煩多，議欲減省。至永平元年，長水校尉儵奏言，先帝大業，當以時施行。欲使諸儒共正經義，頗令學者得以自助。孔子曰：『學之不講，是吾憂也。』又曰：『博學而篤志，切問而近思，仁在其中矣。』於戲，其勉之哉！」於是下太常，將、大夫、博士、議郎、郎官及諸生、諸儒會白虎觀，講議《五經》同異，使五官中郎將魏應承制問，侍中淳于恭奏，帝親稱制臨決，如孝宣甘露石渠故事，作《白虎議奏》。〔註1〕李賢等注：「今《白虎通》。」〔註2〕

又，《後漢書·儒林列傳》：

> 建初中，大會諸儒於白虎觀，考詳同異，連月乃罷。肅宗親臨

〔註 1〕范曄撰，李賢等注《後漢書》卷三，頁 137-138。
〔註 2〕范曄撰，李賢等注《後漢書》卷三，頁 139。

稱制，如石渠故事。顧命使臣，著爲《通義》。〔註3〕李賢等注：「即
《白武通議》。義，是。」〔註4〕

《後漢書》關於「白虎觀會議」的記載還有很多，詳可參考莊述祖《白虎通
義攷》〔註5〕，該文亦說明了《白虎通》在流傳過程中的卷帙情況，莊述祖認
爲「《隋志》、《唐志》六卷，而《崇文總目》則有十卷，《崇文總目》四十篇〔註6〕，
而今本則有四十三篇。文雖減於舊，而篇目反增於前。是《爵》、《號》以至
《嫁娶》皆後人編類，非其本眞矣」。

關於書名，諸《志》所載亦不同。《隋書・經籍志》、《五代史・經籍志》、
《舊唐書・經籍志》等稱《白虎通》，《新唐書・藝文志》稱《白虎通義》，又
《崇文總目》稱《白虎通德論》。清代，乾隆命紀昀等纂修《四庫全書》，其
《子部・雜家類》收此書稱《白虎通義》。《四庫全書總目》云：「固撰集後乃
名其書曰《通義》，《唐志》所載，蓋其本名。《崇文總目》稱《白虎通德論》，
失其實矣。《隋志》刪去『義』字，蓋流俗省略，有此一名。」〔註7〕崔富章
曰「在中國傳統目錄學發展史上，《四庫全書總目》二百卷是集大成的標誌性
著作，最高水平的代表作」〔註8〕，「四庫提要應當以《總目》爲代表」〔註9〕，
那麼，《白虎通》爲《白虎通義》的省稱也。

清代，研究「《公羊》學」的有常州一派，開創者是莊存與和劉逢祿，因
其二人爲常州人，故稱爲「常州學派」，或「《公羊》學派」，周予同在談到常
州學派時說：

常州學派產生於乾嘉年間，但眞正發生作用是在後期……常州
學派又分成兩個階段，以鴉片戰爭爲界。前階段有莊存與、劉逢祿、
宋翔鳳等，後階段有龔自珍、魏源、邵懿辰、戴望、廖平、康有爲
等。……又稱公羊學派、清今文學派。〔註10〕

〔註3〕范曄撰，李賢等注《後漢書》卷七九上，頁2546。
〔註4〕范曄撰，李賢等注《後漢書》卷七九上，頁2547。
〔註5〕莊述祖《白虎通義攷》，附於盧校本《白虎通》，《叢書集成初編》第238冊，頁5。
〔註6〕「四十」，孫詒讓校：「今本《總目》作十四，《通攷》及《四庫總目》引同。」
　　　今按：考《四庫全書總目・子部・雜家類》云：「《崇文總目》所云十四篇者，
　　　乃傳寫脫一『四』字耳。」（清・永瑢等撰《四庫全書總目》卷一一八，頁1015
　　　上欄）
〔註7〕永瑢等《四庫全書總目》卷一一八，頁1015中欄。
〔註8〕崔富章《四庫提要諸本分析》，《文獻》，2012年第3期，頁17。
〔註9〕崔富章《四庫提要諸本分析》，《文獻》，2012年第3期，頁12。
〔註10〕朱維錚編校《周予同經學史論》，頁626。

嘉慶、道光年間，《公羊》學的研究成就卓著。凌曙曾從劉逢祿學《公羊》學，成《公羊禮疏》十一卷，《公羊禮說》一卷，《公羊答問》二卷。陳立又師從凌曙，撰《公羊義疏》七十六卷。皮錫瑞對《公羊義疏》曾高度贊許，稱「凌曙、孔廣森、劉逢祿皆宗《公羊》，陳立《義疏》尤備」〔註11〕。陳立「初治《公羊》也，因及漢儒說經師法，謂莫備於《白虎通》，先為疏證，以條舉舊聞，暢隱扶微為主，而不事辨駁，成《白虎通疏證》十二卷」〔註12〕。陳立自序：

> 緬惟端門化帛，嬴秦肆破術之謠；祕室談經，漢氏開獻書之路，時則意存周括，志切搜羅，下幣詔於平津，坐安輪於申傳，是以河間眞本，競出民間，東魯佚編，間來壁下。然而《詩》則魯、韓各授，《書》則今古攸區，《禮》溯后蒼，慶、戴遞傳其緒，《樂》原制氏，常山竟絕其傳。向、歆則父子殊歸，毛、孟則師生異讀，源其授受，本異參商，稽厥指歸，殊淆黑白。班氏位參玄武，生值東京，待詔金馬之門，珥筆白虎之觀，臚羣言之同異，衷師說之是非，立學官者十有四家，著《藝略》者三十八種。桼經故訓，雜出西州；蝌字佚文，仍遺东觀。雖一尊之定說未伸，而《六藝》之微言斯在。
>
> 今欲疏其指受，證厥源由，暢隱抉微，有四難焉。〔註13〕

陳立把畢生的精力主要是放在了撰寫《公羊義疏》七十六卷上了。陳立之所以又為《白虎通》作了疏證，筆者猜想，一個重要的原因是《白虎通》這本書的學術地位非同尋常，可以窺探到古代社會的方方面面，是研究古代社會生活和眾多先秦古籍不可迴避的一部重要典籍。《公羊義疏》七十六卷（除了第二十九卷、第三十五卷、第五十六卷、第六十一卷），每一卷都有對《白虎通》內容的徵引，全書引《白虎通》約四百三十三條，而《白虎通疏證》徵引的文獻資料，有很多都可以在《公羊義疏》中找到相同的文獻，有時，甚至連徵引多條文獻的排列都相同。

　　陳立因研究需要，在撰寫《公羊義疏》這部宏偉巨著的同時，又對《白虎通》進行疏解。《白虎通疏證》與《公羊義疏》相輔相成，是一個整體。

〔註11〕皮錫瑞著，周予同注釋《經學歷史》，頁320。

〔註12〕國史館《清史稿校注》卷四八九，頁11118-11119。今按：「暢隱扶微」之「扶」，或「抉」字之誤。陳立《白虎通疏證》自序「暢隱抉微」。

〔註13〕陳立《白虎通疏證》，《皇清經解續編》第5冊，頁497。

　　《白虎通疏證》非一氣呵成之作，陳立《自序》詳細論說了在撰寫過程中遇到的四種困難：

　　　　蓋以石渠典佚，天祿圖祿湮，汝南存異義之名，中郎蝕熹平之舊，董、曹兵燹，劉、石憑陵，南國清談，欽崇玄妙，北郊戎馬，滅絕典墳，重以妄生異義，橫裂聖經，高才者蔗肆雌黃，末學者蜿求青紫，而欲溯微文於既汩，尋佚論於久湮，紹彼先民，暢茲墜緒，其難一也。至若緯著七篇，纖傳百首，鑿度、運樞之說，推災、考耀之文，敘郊邱則旁徹《禮》經，論始際則隱符《風》、《雅》，辨殷、周文質，而《春秋》義昭，剖卦象盈虛，而《易》爻指晰，雖雜以占候，未底於醇，而徵諸遺經，間合乎契。故皆以讖斷禮，以緯儷經，內學之稱，諒非徒爾。迄乎莊、老橫流，康壼自寶，僭僞謬託，贗鼎雜陳，遂禁絕於天監之年，燔滅於開皇之世。華容著錄，片羽僅存，候官集遺，塵珠略見，而欲旁搜星緯，遠索《苞》、《符》，求鄭、宋之絕學，述曹、史之玄經，其難二也。昔班氏之入此觀也，習《魯詩》者首重魯恭，肆歐陽者并崇桓郁，景伯則專精古義，丁鴻則兼習今經，共述師承，咸資採析。今則淳于之奏，莫考舊聞，臨制之章，無由資溯，師守之源流莫覩，專門之姓氏誰尋，而欲綜《七畧》之遺文，匯百家之異旨，津逮殊迷，淵源何自？其難三也。況其舊入祕書，久同佚典，毛公古義，莫遇司農，楊子玄文，誰爲沛國，是以魯魚互錯，亥豕交差，同《酒誥》之俄空，若《冬官》之闕畧，雖餘姚校正，畧可成書，武進補遺，差堪縷述，然亦終非全璧，祇錄羽琰，而欲披精論於殘編，捃微旨於墜簡，其難四也。

　　　　〔註14〕

此段文字，敘述作《疏證》遇到的困難。一則，典籍亡佚，搜求難。二則，讖緯之學，久久亡佚於歷史的塵埃之中。三則，班固作書時的學術情形，家法、師守之淵源已難尋頭緒。四則，《白虎通》在流傳過程中，已非漢時成書之舊，盧文弨、莊述祖之校勘與補遺，終非全璧。有此四難，陳立「只取疏通，無資辨難」，云：

　　　　立質賦顓愚，學慚俗陋，恥鄉壁之虛造，守先儒之舊聞，不揣檮昧，爲之疏證，凡十二卷。祇取疏通，無資辨難，訪沖遠作疏之

───────────
〔註14〕陳立《白虎通疏證》，《皇清經解續編》第 5 冊，頁 497。

例，依河間述義之條，析其滯疑，通其結轄，集專家之成說，廣如線之師傳，口傳耳剽，固未究其枝葉，管窺莛擊，或有補於涓埃云爾。〔註15〕

陳立以盧文弨的抱經堂本《白虎通》四卷爲底本，增入莊述祖補輯《闕文》一卷，作詳細疏證。

關於陳立疏解的文獻來源，從時間上來看，陳立多採納中古以前的古訓古注來釋義。例如，陳立疏解的文獻多據《十三經注疏》，其中，以引據《禮記正義》最多，約 1157 處，《春秋公羊傳》次之，約 518 處，而《周禮注疏》（約 392 處）、《毛詩正義》（約 330 處）、《儀禮注疏》（約 327 處）、《春秋左傳正義》（約 240 處）等又次之。在釋義方面，陳立還多引據字書、辭書，以引據《說文解字》最多，約 235 處，《釋名》次之，約 99 處，而《爾雅》（約 79 處）、《廣雅》（約 78 處）、《經典釋文》（約 50 處）等又次之。

陳立有「稽古崇漢」的傾向，例如，史部文獻，陳立引《漢書》最多，約 236 處，《後漢書》次之，約 197 處，而《史記》（約 153 處）又次之。子部文獻，陳立引《淮南子》最多，約 120 處，《風俗通義》次之，約 93 處。集部文獻，陳立引《文選》最多，約 61 處。

對於一些讖緯遺經，因亡佚之故，陳立則多引據唐、宋的類書，《太平御覽》最多，約 431 處，《初學記》次之，約 93 處，而《藝文類聚》（約 49 處）、《北堂書鈔》（約 44 處）又次之。

在闡釋典章制度方面，陳立往往注意到對政書所存文獻的徵引，例如，引《通典》，約 180 次之多。

當然，陳立疏解時還注意到對清一代學術之經典的吸納。例如，段玉裁《說文解字注》、王念孫《廣雅疏證》、王引之《經義述聞》等等。

第二節　版　本

陳立於道光壬辰（1832）寫好《白虎通疏證》十二卷，現今所能見到的最早刻本爲清光緒元年（1875）淮南書局刊本。一百多年來，傳世版本有多種，茲一一著錄，並作簡要說明。

〔註15〕陳立《白虎通疏證》，《皇清經解續編》第 5 冊，頁 497。

一、稿本

現藏中國國家圖書館。半葉十一行，行二十六字，小字雙行同，黑口，單黑魚尾，四周雙邊。可以看到陳立對《白虎通疏證》初稿的校勘與刪補過程，修訂結果已展現在刊版印本中。

二、清抄本

現藏北京大學圖書館。半葉十行，行二十三字，小字雙行同，雙黑魚尾，四周單邊。由劉俊文編纂，愛如生數字化技術研究中心研製，黃山書社發行的《中國基本古籍庫》收《白虎通疏證》十二卷，在此系統的「版本對照」與「版本速查」中有清抄本的信息，且在「版本對照」中收錄了該版本的影印本，可以清晰地看到清抄本原貌。根據該本的頁眉注「原抄本」云云，可以推定，這是一個轉抄本。

三、所謂「道光本」

筆者在上海圖書館查檢到道光本的信息〔註 16〕，即道光十二年（1832）刻本，原以爲是陳立最早的刻本，其實不然，經核實，上海圖書館誤把《白虎通疏證》（《皇清經解續編》本）著錄爲道光本。2010 年，上海古籍出版社出版的《中國古籍總目》沿誤。

四、光緒元年淮南書局刊本

清光緒元年，江蘇淮南書局刊本（商城楊鐸校）。浙江大學圖書館與浙江省圖書館等大型圖書館都有藏本。書名頁鐫「光緒元年春淮南書局刊」。半葉十二行，行二十四字，小字雙行同。白口、單黑魚尾，左右雙邊。此爲該書之最早刻本，但是訛誤較多，不是善本。

五、光緒十四年《皇清經解續編》本

清光緒十四年，江陰南菁書院校刊《皇清經解續編》本《白虎通疏證》。浙江大學圖書館藏四冊。匡高 17.9 釐米，廣 13.9 釐米。半葉十一行，行二十四字，小字雙行同。白口，單黑魚尾，左右雙邊。版心上鐫：「皇清經解續編」，

〔註 16〕上海圖書館網絡連接：http：//search.library.sh.cn/guji/。

魚尾下鐫：「白虎通疏證」卷次與頁數。此版本與清代巨儒王先謙有密切關係。
清同治四年（1865），王先謙考中進士，「選庶吉士，授編修」〔註17〕。清
光緒六年，「晉國子監祭酒」〔註18〕。光緒八年，「出爲江蘇學政」〔註19〕，「既
蒞江蘇，先奏設書局」〔註20〕，即江陰南菁書局，「南菁書院創於黃體芳，先
謙廣籌經費，每邑拔取才士入院，而督教之，誘掖獎勸，成就人材甚多」〔註
21〕。光緒十二年，王先謙奏請，仿阮元《皇清經解》體例，編刊《皇清經解
續編》一千四百三十卷，歷時兩年，於光緒十四年刊成，陳立《白虎通疏證》
是其中的一種。王氏刻《皇清經解續編》是「由書院中肄業生員及當時舉人、
進士等兼任」〔註22〕，比之阮氏所校「謀之更密，每卷皆由二人初、覆校而
成」〔註23〕。《白虎通疏證》十二卷，每卷卷末附校勘記及初校者、覆校者名
氏，有汪之昌、吳大彬、何錫驥、管禮昌等。每一卷，無論是做爲初校者或
是覆校者，汪之昌是自始至終的參與者。汪之昌，清同治六年副貢，後絕意
舉業，光緒年間教書治學，學通廣博，著有《青學齋集》三十六卷、《裕後錄》
二卷、《補南唐藝文志》等。有如此專業的團隊協力，《白虎通疏證》的文獻
價值有極大的提升，遠勝光緒元年的淮南本。

六、蜚英館石印光緒十四年本

　　光緒十五年，上海蜚英館石印《皇清經解續編》本《白虎通疏證》（照相
製石印版）。浙江大學圖書館與浙江省圖書館都有藏本。半葉十一行，行二十
四字，小字雙行同，單黑魚尾。版心上鐫：「皇清經解續編」，魚尾下鐫：「白
虎通疏證」與頁數。此版本除了對原《皇清經解續編》本重新編卷及刪除《白

〔註17〕　國史館《清史稿校注》卷四八九，頁11124。
〔註18〕　國史館《清史稿校注》卷四八九，頁11124。
〔註19〕　國史館《清史稿校注》卷四八九，頁11124。今按：王祖陶輯《葵園公年譜節
　　　　鈔》（載魏節山編《葵園述略》）云：「光緒十一年乙酉四十四歲。六月，補授
　　　　國子監祭酒。二十三日奏請停罷三海工程疏，請舉人及職官得入監讀書。八
　　　　月，簡放江蘇學政，十月抵江陰，頒發《勸學瑣言》，開設南菁書局，彙刻先
　　　　哲遺書。」與《清史稿校注》所言異。
〔註20〕　國史館《清史稿校注》卷四八九，頁11125。
〔註21〕　國史館《清史稿校注》卷四八九，頁11125。
〔註22〕　虞萬里《〈正續清經解〉編纂考》，後附於鳳凰出版社影印《皇清經解》第1冊，
　　　　頁11。
〔註23〕　虞萬里《〈正續清經解〉編纂考》，後附於鳳凰出版社影印《皇清經解》第1冊，
　　　　頁12-13。

虎通疏證》每一卷卷末的校勘負責人姓名之外，文本內容沒有任何改變。蜚英館主人聲稱「取各善本詳細讐校，必使得當而後已」〔註24〕，徒爲虛語。而剗掉原校勘人名氏，意在掠美，不足爲訓。

七、中華書局整理點校本

1994 年，中華書局出版了吳則虞先生的整理點校本《白虎通疏證》（爲《新編諸子集成》的一種）。該本以光緒元年淮南書局刊本爲底本，校正原淮南書局刊本的部分訛誤。此本是現在唯一的整理點校本，在世面上流傳比較廣泛，深受信賴。但是，訛誤甚多，亟待校訂重版。

八、《續修四庫全書》影印淮南書局本

1995 年，上海古籍出版社出版《續修四庫全書》，《子部·雜家類》第 1142 冊收錄陳立《白虎通疏證》十二卷，影印清光緒元年淮南書局刊本。淮南本並非眞善本，編纂者在鑒定版本方面失誤，誤導讀者。

九、《諸子集成補編》影印《皇清經解續編》本

1997 年，四川人民出版社出版四川大學古籍整理研究所編纂的《諸子集成補編》，其《儒學類》收二十一部經典之作，《白虎通疏證》是其中的一種，影印《皇清經解續編》本。

十、小結

以上九種版本，是目前所能搜到的《白虎通疏證》的所有版本。現今世面上流傳的雖然是九種版本信息，但是，除了道光本的著錄失誤，該書傳世的版本實爲八種（含石印、影印本）。倘若不包括石印、影印本，則有五種，即稿本、清抄本、淮南本、《續編》本、中華本。

倘若細究這五種版本的源流關係也並不複雜：一、稿本是最原始的；二、淮南本據清抄本刻版；三、《續編》本據淮南本校改完善；四、中華本又據淮南本整理點校。對於第三點與第四點，下文有詳細說明，茲不贅述。關於第

〔註24〕見《〈皇清經解續編〉石印縮本例言》，附於鳳凰出版社影印《皇清經解續編》第 9 冊，頁 4。

二點，即淮南本據清抄本刻版，作此判斷，所依據的文獻如下：

卷一《爵·論諸侯襲爵》：世子上受爵命，衣士服何？謙不敢自專也。故《詩》曰「韎韐有奭」，謂世子始行也。

疏證：《文選》注引《通俗文》作「青黑曰奭」。義微異。（第215頁下欄）

按：清抄本同。稿本「文選注引」下有「毛傳亦作奭赤貌盖引因白虎通作奭而引者也一切經音義引」二十五字，下接「《通俗文》」云云。清抄本在轉抄時跳行而致誤。正確的標點為：《文選》注引毛傳亦作「奭，赤貌。」盖引因《白虎通》作「奭」而引者也，《一切經音義》引《通俗文》作「青黑曰奭」。義微異。

稿本的文本表現是：
○○○○○○○○○○○○○○○○○○文選注引毛傳亦作
奭赤貌盖引因白虎通作奭而引者也　一切經音義引通俗文作
青黑曰奭義微異○○○○○○○○○○○○○○○○○
○○○○○○○○○○○○○○○○○○○○○○○○○

再如：

卷一《爵·天子即位改元》：故《王度記》曰：「天子冢宰一人，爵祿如天子之大夫。」或曰：冢宰視卿，《周官》所云也。

疏證：其《荀子·王制篇》：「本政教，正法則，兼聽而時稽之，度其功勞，論其慶賞，以時慎修，使百吏免盡而眾庶不偷，冢宰之事**與**也。」又云：「故政事亂則冢宰之罪也。」以**冢宰、辟公**並稱，蓋亦據周制言之。（第218頁上欄）

按：「事與也」，清抄本同，稿本作「事也」，與《荀子·王制篇》合〔註25〕。又，「冢宰辟公」，清抄本同，稿本作「冢宰與辟公」，原有「與」字，清抄本脫，淮南本亦脫。據稿本，陳立本要對此篇作結，寫作「右論天子即位改元」八個大字，而後陳立又補充疏解，刪此八個大字，而補以雙行小字，抄本抄錄時，誤識首字「事與」為句而致誤。

稿本的文本表現是：
事　　　　　　　　　　　也又云故政事亂則冢宰之罪也以冢宰
與　✕✕✕✕✕✕✕✕　辟公並稱蓋亦據周制言之故仲長統傳

〔註25〕王先謙撰《荀子集解》卷五，頁170。

以上二例的文本表現可以說明淮南本與清抄本的淵源關係，因清抄本頁眉批注多出現「稿本」與「原抄本」云云，那麼，此清抄本是一個轉抄本。又因上二例，轉抄本皆無言及「原抄本」，在一定程度上可以說轉抄本蓋沿襲原抄本之誤。所以，《白虎通疏證》淮南書局刊本作為最早的刻本，並非據稿本刻版而是據抄本刻版，因《白虎通疏證》寫定於 1832 年，而刻版於 1875 年，43 年間，因原抄本狀況不得而知，則淮南書局刻本究竟是據原抄本刻版還是據轉抄本刻板，不得而知。那麼，在還原文獻本來面貌方面，稿本的價值就尤為重要了。

為明晰《白虎通疏證》現存八種版本的關係，現列表如下：

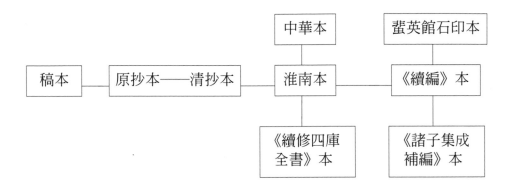

第三節　版本考辨：王先謙《皇清經解續編》本優於淮南書局本

清光緒元年（1875），淮南書局刊刻《白虎通疏證》（下文簡稱「淮南本」），是現今所能見到的最早刻本，而王先謙於清光緒十四年校刊的《皇清經解續編》本（下文簡稱「《續編》本」），卻是最佳善本。

一、淮南本存在的問題

關於淮南本存在的問題，筆者已經基本校勘完畢，本文只迻錄部分案例，以顯示淮南本與《續編》本的優劣。為方便讀者查檢，現依《續修四庫全書》影印淮南本頁碼為序，舉例分析。

（一）訛文

在古籍中，這一問題是非常細小卻是非常普遍的現象，「魯魚豕亥」之誤，小則影響句意理解，大則誤導篇章之義。

1. 形近而誤

（1）出—由

卷一《爵·論爵人於朝封諸侯於廟》：封諸侯於廟者，示不自專也，明法度皆祖之制也，舉事必告焉。《王制》曰：「爵人於朝，與眾共之焉。」《詩》曰：「王命卿士，南仲太祖。」《禮·祭統》曰「古者明君，爵有德必於太祖，君降立於阼階南，南向，所命北面，史由君右執策命之」。

　　疏證：《禮·祭統》云「古者明君，爵有德而祿有功⋯⋯史<u>出</u>君右執策命之⋯⋯」（第 212 頁下欄）

　　按：「出」，稿本、《續編》本作「由」，與《禮記·祭統》合〔註 26〕。淮南本、《續修四庫》本誤作「出」。

（2）王—于

卷一《爵·論諸侯襲爵》：《尚書傳》曰：「太子發升<u>王</u>舟。」（第 215 頁上欄）

　　按：「王」，稿本同誤。《續編》本作「于」，是。陳壽祺輯校《尚書大傳》作「于」〔註 27〕。元大德九年本（下文簡稱「元大德本」）、元刻本（上二本見《中華再造善本》），《白虎通》《四部叢刊》景元大德覆宋監本（下文簡稱「《四部叢刊》本」）、以及盧文弨抱經堂定本（下文簡稱「盧校本」）作「于」〔註 28〕。淮南本、《續修四庫》本誤作「王」。

（3）云—之

卷二《號·論三皇五帝三王五伯》：非明王<u>云</u>法不張（第 224 頁上欄）

　　疏證：盧云：「此從程本定，小字本、元本作『非明王<u>云</u>張法』。」非也。（第 224 頁上欄）

　　按：二「云」字，稿本、《續編》本作「之」，是。盧校本亦作「之」〔註 29〕。淮南本、《續修四庫》本誤作「云」。「非明王之法不張」，元刻本、元大德本作「非明王之張法」。

〔註 26〕孔穎達《禮記正義》卷四九，阮元校刻《十三經注疏》本，頁 1605 下欄。
〔註 27〕陳壽祺輯校《尚書大傳》卷三，《叢書集成初編》第 3569 冊，頁 55。
〔註 28〕班固等撰《白虎通》卷一上，《叢書集成初編》第 238 冊，頁 12。
〔註 29〕班固等撰《白虎通》卷一上，《叢書集成初編》第 238 冊，頁 26。

（4）問—聞

卷三《社稷·論祭社稷廢祀》：《曾子問》曰：「諸侯之祭社稷，俎豆既陳，聞天子崩，如之何？」孔子曰：「廢。」臣子哀痛之，不敢終於禮也。

疏證：又案《曾子問》云：「天子嘗、禘、郊、社、五祀之祭，簠簋既陳，天子崩，后之喪，如之何？」孔子曰：「廢。」鄭氏謂「既陳謂夙興陳饌牲器時」，與諸侯<u>問</u>王后之喪同。（第233頁上欄）

按：「問」，《續編》本作「聞」，據文義，當作「聞」。考稿本，此乃陳立在頁眉增補之文，此字似「問」又似「聞」字。淮南本、《續修四庫》本誤。

（5）宮—官

卷四《封公侯·論諸侯繼世》：大夫不世位何？股肱之臣任事者也。

疏證：《詩》疏引《五經異義》云「……《左氏》說，卿大夫得世祿，不得世位。父為大夫故，子得食其故采，而有賢才，則復升父故位。故傳曰：『<u>宮</u>有世功，則有官族。』……」（第248頁下欄）

按：「宮」，稿本、《續編》本作「官」，與《駁五經異義補遺》合〔註30〕。淮南本、《續修四庫》本誤作「宮」。

（6）日—曰

卷四《五行·論十二律》：十二月律謂之大呂何？大者，大也，呂者，拒也。言陽氣欲出，陰不許也。呂之為言拒也，旅抑拒難之也。

疏證：案諸家之<u>曰</u>呂，皆與《白虎通》義異。（第259頁下欄）

按：「曰」，稿本、清抄本作「訓」，《續編》本作「說」。「曰」字，蓋「曰」字之誤，二字形近而訛。「訓」、「說」、「曰」，義同。淮南本、《續修四庫》本誤作「日」。

（7）禷—禷

卷五《三軍·論告天告祖之義》：《王制》曰：「王者將出，類于上帝，<u>宜</u>于社，造于禰。」

疏證：《說文·示部》「類」，作「禷」，「造」，作「**禕**」。（第265頁下欄）

〔註30〕許慎撰，鄭玄駁，王復輯，武億校《駁五經異義補遺》，《叢書集成初編》第239冊，頁7。

按：「禤」，《續編》本作「祮」，是。「禤」，涉上字「類」，加偏旁作「禤」
而類推之。《說文‧示部》：「祮，告祭也。从示，告聲。」〔註31〕淮
南本、《續修四庫》本誤作「禤」。

（8）宗—崇

卷五《鄉射‧總論射義》：勝負俱降，以宗禮讓，故可以選士。（第 278
頁上欄）

按：「宗」，元大德本、元刻本、《續編》本作「崇」，是。「崇」，脫落
「山」，成「宗」字。陳立疏解此文時云：「是勝負俱降，以崇讓
也。」〔註32〕盧校本亦作「崇」〔註33〕。淮南本、《續修四庫》本
誤作「宗」。

（9）微—徵

卷六《辟雍‧論靈臺明堂》：天子所以有靈臺者何？所以考天人之心，察
陰陽之會，揆星辰之證驗，爲萬物獲福無方之元。《詩》云：「經始靈臺。」

疏證：盧云：「『證驗』，疑本作『微驗』，避宋仁宗諱改。」（第 284 頁上
欄）

按：「微」，《續編》本作「徵」，是。考盧校本注亦作「徵」〔註34〕。淮
南本、《續修四庫》本誤作「微」。

（10）亞—惡

卷七《攷黜‧論九錫》：車馬、衣服、樂則三等者賜與其物。《禮》：「天
子賜侯氏車服，路先設，路下四亞之。」……

疏證：案亞、惡古通用，《周易‧繫詞傳》「而不可亞也」，荀爽本作「亞」，
云「次也」。（第 296 頁下欄）

按：「亞」，《續編》本作「惡」，是。「惡」脫落「心」成「亞」字。《周
易‧繫辭上》云：「……言天下之至賾而不可惡也。」〔註35〕淮南本、
《續修四庫》本誤作「亞」。

〔註31〕段玉裁《說文解字注》一篇上，頁 4 下欄。
〔註32〕陳立《白虎通疏證》卷五，《皇清經解續編》第 5 冊，頁 533 中欄。
〔註33〕班固等撰《白虎通》卷二下，《叢書集成初編》第 238 冊，頁 124。
〔註34〕班固等撰《白虎通》卷二下，《叢書集成初編》第 238 冊，頁 134。
〔註35〕孔穎達《周易正義》卷七，阮元校刻《十三經注疏》本，頁 79 中欄。

（11）姪—姓

卷七《蓍龜·論卜筮之服》：皮弁素積，求之於質也。《禮》曰：「皮弁素
積，筮於廟門之外。」

疏證：《特牲禮》：「及筮曰……子姪兄弟如主人服」，「有司、羣執事如兄
　　　弟服。」（第303頁上欄）

按：「姪」，《續編》本作「姓」，與《儀禮·特牲饋食禮》合〔註36〕。淮
　　南本、《續修四庫》本誤作「姪」。

（12）季—李

卷九《四時·論四時》：四時天異名何？天尊，各據其盛者為名也。春秋
物變盛，冬夏氣變盛。春曰蒼天，夏曰昊天，秋曰旻天，冬曰上天。《爾雅》
曰「一說春為蒼天」等是也。

疏證：案今《爾雅》作「春為蒼天，夏為昊天」。《詩》疏引李注：「春萬
　　　物始生，其色蒼蒼然，故曰蒼天。夏萬物盛壯，其氣昊大，故曰
　　　昊天……」然則季、郭本作春蒼、夏昊，即《白虎通》前一說所
　　　據之本也。（第333頁上欄）

按：「季」，《續編》本作「李」，是。《爾雅注疏》引陸德明敘錄云「李巡
　　注三卷」〔註37〕，乃陳立所謂「李注」、「李本」也。淮南本、《續修
　　四庫》本誤作「季」。

（13）傅—傳

卷八《三教·總論教》：教者，何謂也？教者，效也。上為之，下效之
……

疏證：《後漢·傅燮傳》、《鄭太傳》，《隋·經籍志》皆引孔子曰：「不教
　　　人戰是謂棄之。」（第315頁上欄）

按：「鄭太傳」，《續編》本作「鄭太傳」，是。《後漢書·虞傅蓋臧列傳》
　　之《傅燮傳》〔註38〕、《後漢書·鄭孔荀列傳》之《鄭太傳》皆引此
　　語〔註39〕。淮南本、《續修四庫》本誤作「傅」。中華本沿襲淮南本

〔註36〕賈公彥《儀禮注疏》卷四四，阮元校刻《十三經注疏》本，頁1179上欄。
〔註37〕邢昺《爾雅注疏》卷一，阮元校刻《十三經注疏》本，頁2567下欄。
〔註38〕范曄撰，李賢等注《後漢書》卷五八，頁1877。
〔註39〕范曄撰，李賢等注《後漢書》卷七○，頁2258。

誤，標點時把「鄭太傅」三字屬之「《隋·經籍志》」〔註40〕，標注人名標識符，誤甚。

（14）組—紐

卷九《衣裳·論帶》：所以必有紳帶者，示敬謹自約整也。續繪爲結於前，下垂三分，身半，紳居二焉。

疏證：《禮記·玉藻》云：「并**組**約用組。」（第334頁下欄）

按：上「組」，《續編》本作「紐」，與《禮記·玉藻》合〔註41〕。淮南本、《續修四庫》本誤作「組」。

（15）訓—譏

卷一○《嫁娶·論天子嫡媵》：必一娶何？防淫洪也。爲其棄德嗜色，故一娶而已。人君無再娶之義也。

疏證：《公羊》莊十九年傳云……又，文十四年「晉人納捷菑於邾婁，弗克納」，注：「時邾婁再娶二，子母尊同體敵。」故《經》以爲**訓**也。（第344頁上欄）

按：「訓」，《續編》本作「譏」，據文義當作「譏」，義長。淮南本、《續修四庫》本誤作「訓」。陳立引《公羊傳》文，與《公羊傳·文公十四年》合〔註42〕，但無「故《經》以爲譏也」語，此實是陳立案語。中華本將「故《經》以爲譏也」置引號內〔註43〕，誤。

（16）檢—㯕

卷一一《喪服·論倚廬》：寢苫枕塊，哭無時，不脫絰帶。

疏證：《左傳·釋文》引王**檢**云：「夏枕凷，冬枕草。」（第358頁上欄）

按：「檢」，《續編》本作「㯕」，與《左傳·襄公十七年》注引《釋文》引同〔註44〕。淮南本、《續修四庫》本誤作「檢」。

〔註40〕陳立撰，吳則虞點校《白虎通疏證》卷八，頁371。
〔註41〕孔穎達《禮記正義》卷三○，阮元校刻《十三經注疏》本，頁1480下欄。
〔註42〕徐彥《春秋公羊傳注疏》卷一四，阮元校刻《十三經注疏》本，頁2273上、中欄。
〔註43〕陳立撰，吳則虞點校《白虎通疏證》卷一○，頁470。
〔註44〕孔穎達《春秋左傳正義》卷三三，阮元校刻《十三經注疏》本，頁1964中欄。

（17）被—皮

卷一一《崩薨‧棺槨厚薄之制》：太古之時，穴居野處，衣<u>被</u>帶革，故死衣之以薪，內藏不飾。（第 369 頁下欄）

    按：「被」，《續編》本作「皮」，是，盧校本亦作「皮」〔註 45〕。陳立疏解時引《禮記‧禮運》「衣其羽皮」〔註 46〕，《白虎通》文當爲「衣皮帶革」。淮南本、《續修四庫》本誤作「被」。

淮南本、《續修四庫》本存在的形近而誤字還有很多，現作一統計，約有一百六十二處，列表如下：

淮南本、《續修四庫》本形近而誤字統計表：

編號	誤字	正字	編號	誤字	正字	編號	誤字	正字	編號	誤字	正字	編號	誤字	正字
1	士	上	2	浴	俗	3	士	土	4	天	夫	5	又	文
6	出	由	7	三	王	8	王	于	9	古	吉	10	文	又
11	子	下	12	帝	常	13	云	元	14	至	室	15	云	之
16	壇	墰	17	與	興	18	上	土	19	何	僞	20	王	主
21	問	聞	22	伸	信	23	王	至	24	大	六	25	傳	傅
26	八	六	27	王	正	28	底	氏	29	微	微	30	損	塤
31	發	龤	32	罄	磬	33	乘	垂	34	確	碓徵	35	控	椌
36	木	本	37	從	徒	38	新	親	39	王	玉	40	攕	機
41	天	太	42	故	改	43	由	出	44	封	卦	45	濱	賓
46	六	不	47	六	大	48	壚	壙	49	宮	官	50	王	子
51	人	入	52	子	予	53	大	犬	54	經	徑	55	屮	朱
56	演	螾	57	巳	匕	58	酬	酎	59	出	詘	60	戍	戌
61	極	拯	62	孚	字	63	知	如	64	禂	祜	65	祖	租
66	入	人	67	令	今	68	數	鼓	69	陽	陰	70	几	凡
71	歸	塌	72	二	三	73	宗	崇	74	宦	官	75	唯	準
76	微	徵	77	政	攻	78	乎	平	79	右	君	80	倍	信
81	揳	楔	82	之	文	83	何	河	84	亦	示	85	異	冀

〔註 45〕班固等撰《白虎通》卷四下，《叢書集成初編》第 238 冊，頁 300。

〔註 46〕陳立《白虎通疏證》卷一一，《皇清經解續編》第 5 冊，頁 578 上欄。

86	木	示	87	三	之	88	羣	郡	89	王	正	90	人	又
91	亞	惡	92	垂	重	93	肅	蕭	94	當	尙	95	西	面
96	庸	康	97	姪	姓	98	及	乃	99	信	倍	100	庋	度
101	亡	言	102	英	筴	103	不	下	104	揖	輯	105	執	贄
106	合	今	107	氏	民	108	象	衆	109	肝	肺	110	足	口
111	特	物	112	週	過	113	四	曰	114	剛	刪	115	生	姓
116	詞	訓	117	合	含	118	截	戴	119	淪	論	120	文	天
121	季	李	122	文	閔	123	組	紐	124	革	華	125	襄	衷
126	攴	文	127	悞	誤	128	則	刖	129	决	決	130	醴	醮
131	敬	教	132	稱	禰	133	訓	譏	134	及	友	135	加	如
136	白	自	137	鄉	饗	138	跱	特	139	田	甸	140	絰	經
141	家	容	142	脫	說	143	檢	儉	144	夫	末	145	奠	尊
146	本	木	147	錫	賜	148	被	皮	149	大	人	150	帝	辛
151	子	於	152	庶	無	153	成	咸	154	于	干	155	柖	相
156	周	用	157	裕	俗	158	夫	失	159	禽	擒	160	千	于
161	囿	圃	162	樹	樹									

2. 音近而誤

（18）伏—服

卷三《禮樂・總論禮樂》：孔子曰：「鄭聲淫何？鄭國土地民人，山居谷浴，男女錯雜，爲鄭聲以相誘悅懌，故邪僻，聲皆淫色之聲也。」

疏證：《公羊》疏引古文家伏虔云：「鄭重之音，鄭重即躑躅……」（第 234 頁上欄）

按：此「伏」字，當爲「服」。《續編》本作「服」，是。服虔，東漢經學家，《後漢書・儒林列傳・服虔傳》：「服虔，字子愼，初名重，又名祇，後改爲虔，河南滎陽人也。少以清苦建志入太學，受業有雅才，善著文論，作《春秋左氏傳解》，行之至今。又以《左傳》駮何休之所駮漢事六十條。舉孝廉，稍遷，中平末，拜九江太守。免，遭亂行客，病卒。所著賦、碑、誄、書記、《連珠》、《九憤》，凡十餘篇。」〔註 47〕「伏」、「服」，音近而訛。淮南本、《續修四庫》本誤作「伏」。

〔註 47〕范曄撰，李賢等注《後漢書》卷七九下，頁 2583。

（19）新—親

卷四《封公侯‧論三公九卿》：司馬主兵，司徒主人，司空主地。王者受命為天地人之職，故分職以置三公，各主其一，以効其功。

疏證：《御覽》引《書傳》又曰：「百姓不**新**，五品不訓，則責之司徒……」（第244頁下欄）

按：「新」，《續編》本作「親」，與《太平御覽‧職官部‧司徒上》引《尚書大傳》文合〔註48〕。「新」、「親」，音近而訛。淮南本、《續修四庫》本誤作「新」。

（20）治—致

卷四《封公侯‧論周公不之魯》：周公不之魯何？為周公繼武王之業也。《春秋傳》曰：「周公曷為不之魯？欲一天下於周也。」《詩》云：「王曰叔父，建爾元子，俾侯于魯。」周公身薨，天為之變，成王以天子之禮葬之，命魯郊，以明至孝，天所興也。

疏證：《公羊傳》曰：「卜郊何以非禮？魯郊，非禮也。」注云：「以魯郊非禮，故卜爾。昔武王既沒，成王幼少，周公居攝，行天子事，制禮作樂，**治**太平，有王功。周公薨，成王以王禮葬之，命魯使郊，以彰周公之德，非正，故卜。」（第251頁下欄至252頁上欄）

按：「治」，《續編》本作「致」，與《春秋公羊傳》何休注合〔註49〕。「治」、「致」，音近而訛。淮南本、《續修四庫》本誤。

（21）宜—疑

卷七《聖人‧論古聖人》：何以言禹、湯聖人？《論語》曰：「巍巍乎！舜、禹之有天下而不與焉。」與舜比方巍巍，知禹、湯聖人。《春秋傳》曰：「湯以盛德故放桀。」

疏證：所引《論語》，《泰伯》篇。又，何本有「也」字。《漢書‧王莽傳》、《晉書‧劉寔傳》、《論衡‧語增篇》引俱無「也」字，與此所引本同，宜《魯論》也。（第304頁下欄）

按：「宜」，《續編》本作「疑」，是。據文義，當為「疑《魯論》也」。「宜」、「疑」音近而訛。淮南本、《續修四庫》本誤。

〔註48〕 李昉等撰《太平御覽》卷二〇七，頁995下欄。
〔註49〕 徐彥《春秋公羊傳注疏》卷一二，阮元校刻《十三經注疏》本，頁2263中欄。

（22）是—士

卷一一《崩薨・論臣赴於君》：臣死，亦赴告於君何？此君哀痛於臣子也……

疏證：……是諸侯至<u>是</u>皆有赴君之禮也。（第 364 頁下欄）

按：「是」、《續編》本作「士」，是。中華本據文義所正，良是，但缺少版本依據。「是」、「士」，音近而訛。淮南本、《續修四庫》本誤。

音近而誤之例還有很多，現作一番統計，約有五十五處，列表如下：

淮南本、《續修四庫》本音近而誤字統計表：

編號	誤字	正字	編號	誤字	正字	編號	誤字	正字	編號	誤字	正字	編號	誤字	正字
1	子	士	2	問	聞	3	義	意	4	伏	服	5	鼓	故
6	控	桱	7	新	親	8	不	布	9	民	名	10	濱	賓
11	義	意	12	士	仕	13	治	致	14	經	徑	15	命	令
16	損	塤	17	陰	殷	18	制	治	19	謂	位	20	祖	租
21	也	矣	22	侵	精	23	政	正	24	後	后	25	事	仕
26	子	之	27	者	之	28	季	祭	29	揳	楔	30	天	田
31	何	河	32	成	臣	33	禽	擒	34	成	承	35	潛	灣
36	羣	郡	37	宜	疑	38	執	贄	39	脩	差	40	引	音
41	享	饗	42	尾	危	43	淪	論	44	彰	障	45	德	得
46	鄉	饗	47	檢	儉	48	祜	郜	49	謂	為	50	是	士
51	明	名	52	數	樹	53	事	祀	54	有	亦	55	撛	機

3. 涉上下文而誤

除了以上說的兩大類訛文情況，還有一類常見的錯誤，即涉上下文而誤，是指關涉上下文漢字或行文相似而產生錯誤的情況，其表現是相同或形體結構相似的漢字的復現或相近句式的復現。例如：

（23）鼓—故

卷三《禮樂・論五聲八音》：《樂記》曰：「壎，坎音也。管，艮音也。鼓，震音也。弦，離音也。鐘，兌音也。柷，乾音也。」

疏證：錢氏大昕《答問》云「問：古以八音應八風。《說文》：『鼓，春分
之音。』『鐘，秋分之音。』而冬夏至四立則未聞」，「曰《白虎通》
引《樂記》言，鼓震音，**鼓**主春分，鐘兌音，故主秋分，與《說
文》合。（第 241 頁下欄）

按：「鼓主春分」之「鼓」，《續編》本作「故」，是，與《潛研堂文集·
答問》合〔註 50〕。此當爲「故」字，與下文「故主秋分」合。因涉
上文「鼓震音」而訛，「鼓」、「故」，亦音近。淮南本、《續修四庫》
本誤。

（24）作—則

卷八《瑞贄·論見君之贄》：大夫以雁爲贄者，取其飛成行，止成列也。
大夫職在奉命適，動作當能自正以事君也。

疏證：《曲禮》疏引……下句作「動**作**當以正道事君也」。（第 310 頁下欄）

按：「作」，《續編》本作「則」，與《禮記·曲禮下》孔疏引《白虎通》
合〔註 51〕。此因涉上文「下句作」之「作」字而訛。淮南本、《續修
四庫》本誤。

（25）嫁曰歸—歸寧曰來

卷一〇《嫁娶·論出婦之禮》：出婦之義必送之，接以賓客之禮，君子絕
愈於小人之交。《詩》云：「薄送我畿。」

疏證：《左傳·莊二十七年》：「凡諸侯之女，**嫁曰歸**，出曰來歸。」（第
349 頁下欄）

按：「嫁曰歸」，《續編》本作「歸寧曰來」，與《左傳·莊公二十七年》
合〔註 52〕。此「嫁曰歸」三字，因涉下文「出曰來歸」的行文特點，
「歸」與「來歸」相對成文而致誤。淮南本、《續修四庫》本誤。

（26）食—菜

卷一一《喪服·論倚盧》：既練，舍外寢，居堊室，始食菜果，反素食，
哭無時。

疏證：《喪大記》云：「練而食菜**食**。」（第 358 頁上欄）

〔註 50〕錢大昕撰，呂友仁校點《潛研堂文集》卷九，《潛研堂集》，頁 135-136。
〔註 51〕孔穎達《禮記正義》卷五，阮元校刻《十三經注疏》本，頁 1270 中欄。
〔註 52〕孔穎達《春秋左傳正義》卷一〇，阮元校刻《十三經注疏》本，頁 1780 下欄。

按：「食」，《續編》本作「果」，與《禮記‧喪大記》合〔註53〕。因涉上文「練而食」之「食」字而致誤。淮南本、《續修四庫》本誤。

（27）帝—辛

卷一二《闕文‧郊祀》：五帝三王祭天，一用夏正何？夏正得天之數也。天地交，萬物通，始終之正。故《易‧乾鑿度》云「三王之郊，一用夏正」也。

疏證：《月令》孟春元日「祈穀於上帝」，注：「謂以上**帝**郊祭天也。」是祈穀之祭即郊也。（第371頁下欄）

按：此注「帝」字，《續編》本作「辛」，與《禮記‧月令》鄭玄注合〔註54〕。因涉正文「祈穀於上帝」之「帝」字而致誤。淮南本、《續修四庫》本誤。

（28）周—用

卷一二《闕文‧宗廟》：周公祭太山，<u>周</u>召公爲尸。（第376頁下欄）

按：「周」，《續編》本作「用」，與莊述祖輯《〈白虎通〉闕文》合〔註55〕。因涉上文「周公祭太山」之「周」而致誤。「周」、「用」，亦形近。淮南本、《續修四庫》本誤。

（二）脫文

1. 涉上下文相同的漢字復現而脫

這種情況，正如陳垣《校勘學釋例》所指出：「鈔書脫漏，事所恒有，惟脫漏至數字或數十字者，其所脫之末一二字多與上文同……因鈔書之人，目營手運，未必顧及上下文理，一時錯覺，即易將本行或次行同樣之字句，誤認爲已經鈔過，接續前鈔，遂至脫漏數字數行而不知。」〔註56〕

（1）去桎梏疏引崇精問曰獄周曰圜土殷曰羑里夏曰均臺圄圉

卷七《八風‧論八風節候及王者順承之政》：是以王者承順之。條風至，則出輕刑，解稽留。

〔註53〕孔穎達《禮記正義》卷四四，阮元校刻《十三經注疏》本，頁1576下欄。
〔註54〕孔穎達《禮記正義》卷一四，阮元校刻《十三經注疏》本，頁1356中欄。
〔註55〕莊述祖輯，盧文弨訂《〈白虎通〉闕文》，附於盧校本《白虎通》，《叢書集成初編》第239冊，頁6。
〔註56〕陳垣《校勘學釋例》，頁25-26。

疏證：《月令》仲春之月「命有司，省囹圄」，「何代之獄」？焦氏答曰：
「《月令》，秦書，則秦獄也。」（第 307 頁上欄）

按：「省囹圄」下，《續編》本有「去桎梏疏引崇精問曰獄周曰圜土殷曰
羑里夏曰均臺囹圄」二十四字。《禮記·月令》仲春之月云：「命有
司，省囹圄，去桎梏。」〔註57〕孔疏引崇精問與《續編》本合。淮
南本、《續修四庫》本蓋涉「囹圄」二字而脫二十四字。

（2）不撓而折勇之方也

卷八《瑞贄·論五瑞制度》：《禮·王度記》曰：「玉者，有象君子之德，
燥不輕，溼不重，薄不橈，廉不傷，疵不掩。是以人君寶之。」

疏證：《說文》「玉」字下云：「石之美有五德者。潤澤以溫，仁之方也。
䚡理自外，可以知中，義之方也。其聲舒揚，專以遠聞，智之方
也。銳廉而……絜之方也。」（第 308 頁上、下欄）

按：「智之方也」下，《續編》本有「不撓而折勇之方也」八字，與《說
文·玉部》同〔註58〕。淮南本、《續修四庫》本蓋涉「之方也」三字
而脫文。

（3）土土生

卷八《三綱六紀·論綱紀所法》：三綱法天地人，六紀法六合。君臣法天，
取象日月屈信，歸功天也。父子法地，取象五行轉相生也。夫婦法人，取象
人合陰陽，有施化端也。

疏證：以木生火，火生金，金生水……（第 316 頁上欄）

按：「火生」下，《續編》本有「土土生」三字。《白虎通》上文《五行·
論五行更王相生相勝變化之義》云：「五行所以更王何？以其轉相
生，故有終始也。木生火，火生土，土生金，金生水，水生木。」〔註
59〕淮南本、《續修四庫》本蓋涉「生」字而脫文。

（4）人

卷一〇《嫁娶·論遣女戒女》：父母親戒女何？親親之至也。父曰：「誡
之敬之，夙夜無違命。」母施衿結帨曰：「勉之敬之，夙夜無違宮事。」父誡

〔註57〕孔穎達《禮記正義》卷一五，阮元校刻《十三經注疏》本，頁 1361 中欄。
〔註58〕段玉裁《說文解字注》一篇上，頁 10 上欄。
〔註59〕陳立《白虎通疏證》卷四，《皇清經解續編》第 5 冊，頁 524 下欄。

於阼階，母誡於西階，庶母及門內施鞶，申之以父母之命，命之曰：「敬恭聽爾父母之言，夙夜無愆，視諸衿鞶。」

　　疏證：《昏禮經》又云「賓再拜稽首降，**主不**降送」，注：「主人，女父。」
　　　　（第 342 頁上欄）

　　按：「主」下，《續編》本有「人」字，與《儀禮‧士昏禮》合〔註 60〕。
　　　　淮南本、《續修四庫》本蓋涉下注「主人」而誤脫。

（5）高子曰娶乎大夫者略之也

　　卷一〇《嫁娶‧論諸侯不娶國中》：諸侯所以不得自娶國中何？諸侯不得專封，義不可臣其父母。《春秋傳》曰：「宋三世無大夫，惡其內娶也。」

　　疏證：《公羊傳》：「**畧之也**。」注：「賤，非所以奉宗廟，故畧之。」（第 346 頁上欄）

　　按：「畧之也」下，《續編》本有「高子曰娶乎大夫者略之也」十一字。《公羊傳‧文公四年》「高子曰……之也」下，何注「賤，非所以奉宗廟……」〔註 61〕陳立引何注釋「高子曰」云云之傳文，當補此十一字。淮南本、《續修四庫》本蓋涉上文「畧之也」而脫文。

（6）車

　　卷一二《闕文‧車旂》：路者，君車也。
　　疏證：《覲禮》「路先設」，注：「路謂車也。凡君所**乘曰**路。」（第 378 頁下欄）

　　按：「乘」下，《續編》本有「車」字，與《儀禮‧覲禮》鄭玄注合〔註62〕。淮南本、《續修四庫》本蓋涉上文「路謂車也」之「車」字而脫文。

2. 從正文脫「注」字

（7）注

　　卷一〇《嫁娶‧論婦人有師傅》：與君有緦麻之親者，教於公宮三月，與君無親者，各教於宗廟宗婦之室。國君取大夫之妾、士之妻老無子而明於婦道者祿之，使教宗室五屬之女。大夫士皆有宗族，自於宗子之室學事人也。

〔註 60〕賈公彥《儀禮注疏》卷五，阮元校刻《十三經注疏》本，頁 966 上欄。
〔註 61〕徐彥《春秋公羊傳注疏》卷一三，阮元校刻《十三經注疏》本，頁 2268 上欄。
〔註 62〕賈公彥《儀禮注疏》卷二七，阮元校刻《十三經注疏》本，頁 1091 下欄。

疏證：《儀禮・昏禮記》云：「祖廟未毀，教於公宮三月。祖廟已毀，則教於宗室。」**祖廟，女高祖爲君者之廟，以有緦麻之親，就尊者之宮，教之以婦德、婦容、婦言、婦功。宗室，大宗子之家。**（第348頁下欄）

按：「祖廟女高祖……」上，《續編》本有「注」字。「祖廟」至「之家」，皆《儀禮・士昏禮》鄭玄注文〔註63〕。淮南本、《續修四庫》本從正文而脫「注」字。

3. 其他

（8）宵中

卷九《日月・論晝夜長短》：日所以有長短何？陰陽更相用事也。故夏節晝長，冬節夜長，夏日宿在東井，出寅入戌。冬日宿在牽牛，出辰入申。

疏證：《尚書・堯典》有「日中」，「日永」，「日短」。（第332頁上欄）

按：《續編》本作「書堯典日中日永宵中日短」，考《尚書・堯典》孔傳所云，日中、日永、宵中、日短分別指春分、夏至、秋分、冬至之日〔註64〕。「宵中」二字，當補，陳立引此文旨在說明晝夜長短。淮南本、《續修四庫》本脫文。

（9）雖未許嫁年二十而笄禮之婦人

卷一〇《日月・論晝夜長短》：男子幼娶必冠，女子幼嫁必笄。《禮》曰：「女子許嫁，笄而字。」

疏證：《雜記》所言「執其禮」。明未許嫁者也。（第340頁下欄）

按：「所言」下，《續編》本有「雖未許嫁年二十而笄禮之婦人」十三字，與《禮記・雜記下》合〔註65〕。淮南本、《續修四庫》本脫文。

（三）衍文

1. 因誤識刪去符號而衍

陳立行文時，往往使用小的刪去符號刪掉原字，這個所謂的「小的刪去符號」，往往是在該字上用朱筆戳一小點，而在旁記所校改之字。在古籍傳抄

〔註63〕賈公彥《儀禮注疏》卷六，阮元校刻《十三經注疏》本，頁971上欄。
〔註64〕孔穎達《尚書正義》卷二，阮元校刻《十三經注疏》本，頁119下欄。
〔註65〕孔穎達《禮記正義》卷四三，阮元校刻《十三經注疏》本，頁1569下欄。

或翻刻中，小的刪去符號有可能不被識別，而把旁注之字一併抄錄或刻版而致衍文。例如：

（1）興

卷一《爵‧論天子為爵稱》：天子者，爵稱也。

疏證：《周易乾鑿度》云：「《易》有君人五號：帝者，天稱也；王者，美行也；天子者，爵號也；大君者，與**興**上行異也；大人者，聖明德備也。」（第 206 頁下欄）

按：「興」，淮南本、《續修四庫》本衍文。《續編》本《白虎通疏證》校勘記：「案殿本《乾鑿度》作『與上行異也』，《五經異義疏證》作『興上行異也』，是『與』與『興』不當並存，當去其一。」〔註 66〕考《五經異義疏證》「大君者，興盛行異，四也」，陳壽祺案：「此《異義》，孟、京說所出『興盛行異』，《乾鑿度》作『與上行異』，下云『大君者，君人之盛者也』，《異義》易為『興盛』義，亦通也。」〔註 67〕《續編》本校勘記所言「《五經異義疏證》作『興上行異也』」之「上」字，當為「盛」字，二字音近而誤。稿本《白虎通疏證》初作「興盛」二字，陳立在此二字上戳了一點，以示刪掉，又在「興」上，旁出校勘字「与」（簡體）〔註 68〕；「盛」上，旁出校勘字「上」。刊版時，編輯沒有識別「興」上這一點刪去符號而致衍文。另，中華本《白虎通疏證》改作「興盛行異」，稱據《周易乾鑿度》改，誤，蓋據《五經異義疏證》改。

2. 因涉上下文，漢字復現而衍文

（2）命

卷一〇《嫁娶‧論遣女戒女》：父母親戒女何？親親之至也。父曰：「誡之敬之，夙夜無違命。」母施衿結帨曰：「勉之敬之，夙夜無違宮事。」父誡於阼階，母誡於西階，庶母及門內施鞶，申之以父母之命，命之曰：「敬恭聽爾父母之言，夙夜無愆，視諸衿鞶。」

疏證：並約《昏禮》記文，彼云：「在阼階上西面，戒女，母戒諸西階上，

不降。」又云：「父送女，命之曰：『戒之敬之，夙夜無違命。』母**命**施衿結帨曰：『勉之敬之，夙夜無違宮事。』庶母及門內施鞶，申之以父母之命，命之曰……」（第 342 頁上欄）

> 按：「母命施衿結帨曰」之「命」字，衍文，《續編》本無此字，與《儀禮・士昏禮》合〔註69〕。淮南本、《續修四庫》本蓋涉上下文「命」而致衍文。

3. 因涉上下文形體相近字而衍

（3）二

卷一〇《嫁娶・論同姓外屬不娶》：不娶同姓者，重人倫，防淫泆，恥與禽獸同也。《論語》曰：「君娶於吳，爲同姓，謂之吳孟子。」《曲禮》曰：「買妾不知其姓則卜之。」

> 疏證：隱元**二**年《公羊》注：「婦人以姓配字，不忘本。因示不適同姓。」是也。（第 346 頁上欄）

> 按：「二」，衍文，《續編》本無此字，是。陳立所引爲《公羊傳・隱公元年》何休注文〔註70〕。淮南本、《續修四庫》本蓋涉上文「元」字，竊其構字部件而衍。

4. 因語境而衍

（4）亦

卷一一《崩薨・論天子弔諸侯》：天子聞諸侯薨……使大夫弔之，追遠重終之義也。

> 疏證：《穀梁》定元年傳：「周人有喪，魯人**亦**有喪。周人弔，魯人不弔。周人曰：『固吾臣也，使人可也。』」（第 365 頁下欄）

> 按：「亦」字，衍文。《續編》本無此字，與《春秋穀梁傳》合〔註71〕。淮南本、《續修四庫》本蓋涉「周人有喪」之語境而致下文「魯人有喪」衍「亦」字。

〔註69〕賈公彥《儀禮注疏》卷六，阮元校刻《十三經注疏》本，頁 972 下欄。

〔註70〕徐彥《春秋公羊傳注疏》卷一，阮元校刻《十三經注疏》本，頁 2198 下欄。

〔註71〕楊士勛《春秋穀梁傳注疏》卷一九，阮元校刻《十三經注疏》本，頁 2443 上欄。

（5）其

卷一一《崩薨·論君弔臣》：玄冠不以弔者，不以吉服臨人凶，示助哀也。《論語》曰：「羔裘玄冠不以弔。」

疏證：《喪服》記「朋友麻」，注：「諸侯及卿大夫，亦以錫衰為弔服，當事則弁絰，否則皮弁，辟天子也。其士以總衰為喪服，其弔服則疑衰也……」（第 366 頁下欄）

按：「其士」之「其」字，衍文，《續編》本無此字，與《儀禮·喪服》鄭玄注合〔註72〕。淮南本、《續修四庫》本涉上「諸侯及卿大夫」之語，承下文時順言「其」而致衍。

5. 因習慣用語而衍

（6）藝

卷五《三軍·論告天告祖之義》：《尚書》曰：「歸格於藝祖。」

疏證：《書·堯典》文，《釋文》引馬注：「藝，禰也。」案《御覽》引《書大傳》作「歸格於藝祖」。又，此下亦引《尚書》言「歸格於藝祖禰」……（第 265 下欄）

按：「藝祖禰」之「藝」字，衍文。《續編》本無此字，是。《白虎通》此篇下文云：「還不復告天者，天道無外內，故不復告也。《尚書》言：『歸格於祖禰。』不言告於天，知不告也。」〔註73〕盧校本引《尚書》亦作「祖禰」〔註74〕。淮南本、《續修四庫》本因「藝祖」亦習慣用語而衍。

（四）錯亂

1. 誤倒

誤倒，是指古籍中相近的兩字或多字的位置顛倒。

（1）卷三《禮樂·論帝王禮樂》：黃帝曰《咸池》者，言大施天下之道而行之，天之所生，地之所載，咸蒙德施也。

疏證：故《周官》即以《大咸》為堯樂。《東京賦》「《咸池》不齊度於霆咬」，薛：「《咸池》，堯樂。」注用《周禮》文也。（第 235 頁下欄）

〔註72〕賈公彥《儀禮注疏》卷三四，阮元校刻《十三經注疏》本，頁 1123 中欄。
〔註73〕陳立《白虎通疏證》卷五，《皇清經解續編》第 5 冊，頁 527 中欄。
〔註74〕班固等撰《白虎通》卷二上，《叢書集成初編》第 238 冊，頁 101。

按：「咸池堯樂注」，《續編》本作「注咸池堯樂」。「《咸池》，堯樂」，爲薛綜注〔註75〕。陳立云：「用《周禮》文也」，指薛注。淮南本、《續修四庫》本誤倒。

（2）卷八《性情·論五藏六府主性情》：竅<u>之爲</u>候何？竅能瀉水，亦能流濡。（第 319 頁下欄）

按：「之爲」，《續編》本作「爲之」，與盧校本同〔註76〕。《白虎通》此篇上文云「目爲之候何」，「目鼻爲之候何」，「耳爲之候何」〔註 77〕，下文云「口爲之候何」〔註 78〕，句式皆相似，此句當爲「竅爲之候何」。淮南本、《續修四庫》本誤倒。

（3）卷九《衣裳·論佩》：能決嫌疑則佩玦。是以見其所佩即知其所能。《論語》曰：「去喪無所不佩。」

疏證：《莊子》，故《說苑·修文》亦云⋯⋯<u>與此詳**畧**互見。儒者受佩玦者，事至而斷</u>。（第 335 頁上欄）

按：《續編》本作「莊子田子方篇儒者綏佩玦者事至而斷故說苑修文亦云⋯⋯與此互詳略」。「儒者」至「而斷」十字，乃《莊子·田子方篇》文，與《太平御覽·服章部·玦》引《莊子》文合〔註 79〕。淮南本、《續修四庫》本錯簡。

2. 因常用語而倒

（4）卷三《禮樂·論四夷之樂》：作之門外者何？夷在外，故就之也。夷狄無禮義，不在內。《明堂》記曰：「九夷之國，東門之外。」所以知不在門內也。《明堂》記曰：「納夷蠻之樂於太廟。」言納，明有入也。

疏證：《禮·明堂位》曰：「納**蠻夷**之樂於太廟，言廣魯於天下也。」（第 238 頁下欄）

按：「蠻夷」，《續編》本作「夷蠻」，與《禮記·明堂位》合〔註 80〕。淮南本、《續修四庫》本因「蠻夷」爲常用語而誤倒。

〔註75〕 蕭統選編，呂延濟等注《文選》卷三，頁 69 下。
〔註76〕 班固等撰《白虎通》卷三下，《叢書集成初編》第 239 冊，頁 211。
〔註77〕 陳立《白虎通疏證》卷八，《皇清經解續》第 5 冊，頁 553 中欄。
〔註78〕 陳立《白虎通疏證》卷八，《皇清經解續》第 5 冊，頁 553 下欄。
〔註79〕 李昉等撰《太平御覽》卷六九二，頁 3090 上欄。
〔註80〕 孔穎達《禮記正義》卷三一，阮元校刻《十三經注疏》本，頁 1489 上欄。

（5）卷八《三正・論存二王之後》：王者所以存二王之後，何也？所以尊先王，通天下之三統也。明天下非一家之有，謹敬謙讓之至也。故封之百里，使得服其正色，行其禮樂，永事先祖。

疏證：又《劉向傳》云：「故**聖賢**之君，博觀終始，窮極事情，是非分明⋯⋯」（第 313 頁下欄）

按：「聖賢」，《續編》本作「賢聖」，與《漢書・楚元王傳》合〔註 81〕。淮南本、《續修四庫》本因「聖賢」為常用語而誤倒。

3. 書名錯亂

（6）卷三《禮樂・太平乃制禮樂》：功成作樂，治定制禮。樂言作，禮言制何？樂者，陽也。動作倡始，故言作。

疏證：《後漢・**曹張奮**傳》「王者化定制禮，功成作樂。」（第 234 頁下欄）

按：「曹張奮」，《續編》本作「張曹鄭」，是。《後漢書・張曹鄭列傳》實有此語〔註82〕，張曹鄭指的是張純、曹褒、鄭玄三人。「王者化定制禮⋯⋯」，乃張純之子張奮上奏東漢和帝之語。淮南本、《續修四庫》本誤將文中小傳混為篇名。

（7）卷五《三軍・論師踰時》：古者師出不踰時者，為怨思也。天道一時生，一時養。人者，天之貴物也，踰時則內有怨女，外有曠夫。《詩》云：「昔我往矣，楊柳依依。今我來思，雨雪霏霏。」⋯⋯

疏證：**蓋亦用三家《詩》韓、毛《詩》義。《詩・杕杜》云**（第 267 頁下欄）

按：《續編》本作「蓋亦用三家詩義毛詩小雅杕杜云」，據文義，《續編》本言簡意賅，義長。淮南本、《續修四庫》本「三家《詩》韓、毛《詩》義」，讓人費解。

（8）卷一二《闕文・雜錄》：周據地而生，地者，陰也。以婦人為法，婦人大率奄八寸，故以八寸為尺。

疏證：**《國語・周語》「太子晉視道如咫」韋注，夫傳僖九年云「咫尺」注，皆同**。（第 382 頁下欄）

〔註81〕 班固撰，顏師古注《漢書》卷三六，頁 1950。
〔註82〕 范曄撰，李賢等注《後漢書》卷五九，頁 1199。

按：《續編》本作「國語魯語齊語韋注僖九年左傳杜注皆云八寸曰咫與說文同」。「太子晉視道如咫」，《國語》實無此文。而《續編》本「八寸曰咫」，《國語》的《魯語下》〔註83〕、《齊語》韋昭注〔註84〕、以及《左傳・僖公九年》杜預注實有此語〔註85〕。又，「夫傳」，《續編》本作「左傳」，是。淮南本、《續修四庫》本錯亂且有訛字。

4. 注文誤為正文

（9）卷一一《喪服・論倚廬》：既虞，寢有席，疏食水飲，朝一哭，夕一哭而已。

疏證：**《士虞禮》：「既葬，日中而虞。」**（第358頁上欄）

按：《續編》本作「士虞禮記日中而行事」，是。《儀禮・士虞禮》云「日中而行事」，鄭注：「朝葬，日中而虞。君子舉事必用辰正也，再虞、三虞皆質明。」〔註86〕淮南本、《續修四庫》本將鄭注誤為正文。

（10）卷一一《喪服・論倚廬》：二十七月而禫，通祭宗廟，去喪之殺也。

疏證：**又《褋記》云「父在為母為妻」**，「十三月祥，十五月禫」。（第358頁下欄）

按：「又褋記云父在為母為妻」，《續編》本作「又雜記期之喪十一月練」，是。《禮記・雜記下》「期之喪，十一月而練，十三月而祥，十五月而禫」，鄭注：「此謂父在為母也。」〔註87〕淮南本、《續修四庫》本將鄭注誤為正文。

（五）其他情況

關於訛文、衍文、脫文與錯亂，在淮南本《白虎通疏證》中還有特殊性，那就是這些訛誤類型往往纏結在一起。例如：

1. 衍文與訛文例

（1）卷九《四時・論三代歲異名》：載之言成也。載成萬物終始言之也。

疏證：《書》疏引**孫注「年載取萬物終而復始」**。（第333頁下欄）

〔註83〕上海師範大學古籍整理組校點《國語》卷五，頁215。
〔註84〕上海師範大學古籍整理組校點《國語》卷六，頁245。
〔註85〕孔穎達《春秋左傳正義》卷一三，阮元校刻《十三經注疏》本，頁1800下欄。
〔註86〕賈公彥《儀禮注疏》卷四二，阮元校刻《十三經注疏》本，頁1170中欄。
〔註87〕孔穎達《禮記正義》卷四二，阮元校刻《十三經注疏》本，頁1563上欄。

按：「孫注年載取萬物終而復始」之「年」，衍文。又，「復」，當爲「更」。
《續編》本作「孫炎曰載取萬物終而更始」，與《尙書‧堯典》孔疏
引孫語合〔註88〕。淮南本、《續修四庫》本誤。

2. 脫文與訛文例

（2）卷一〇《嫁娶‧論嫁娶以春》：嫁娶必以春何？春者，天地交通，
萬物始生，陰陽交接之時也。《詩》云：「士如歸妻，迨冰未泮。」《周官》曰：
「仲春之月，令會男女，令男三十娶，女二十嫁。」《夏小正》曰「二月，冠
子娶婦之時」也。

　　疏證：《周禮‧媒氏》……疏引《聖證論》「……《易‧泰卦》六五『帝
　　　　乙**歸妹**』，**舊**說六五爻辰在卯，春爲陽中，萬物以生……」（第 343
　　　　頁下欄）

　　按：「歸妹」下，《續編》本有「以祉元吉」四字，是。又，「舊說」，《續
　　　　編》本作「鄭說」，義長。《續編》本與《周禮‧媒氏》賈疏引王蕭
　　　　《聖證論》引《易‧泰卦》合〔註89〕。淮南本、《續修四庫》本誤。

3. 衍文與脫文例

（3）卷九《五經‧論孝經論語》：已作《春秋》，復作《孝經》何？欲專
制正。

　　疏證：哀十四年**疏引曰**「某以匹夫徒步以制正法」，「**以**《春秋》屬商，
　　　　以《孝經》屬參」。（第 337 頁下欄）

　　按：「疏引曰」，《續編》本作「疏引孝經說云」，「孝經說」，淮南本、《續
　　　　修四庫》本脫。又，「以春秋屬商」與「以孝經屬參」之二「以」，
　　　　淮南本、《續修四庫》本衍文，《續編》本無，是。「某以匹夫徒步以
　　　　制正法」與「《春秋》屬商，《孝經》屬參」，皆爲徐彥疏引《孝經說》
　　　　文，但非同一處之徐疏所引〔註90〕。

（4）卷一〇《嫁娶‧論嫁娶之期》：男三十筋骨堅强，任爲人父，女二
十肌膚充盈，任爲人母，合爲五十，應大衍之數，生萬物也。故《禮‧內則》

〔註88〕孔穎達《尙書正義》卷二，阮元校刻《十三經注疏》本，頁 123 上欄。
〔註89〕賈公彥《周禮注疏》卷一四，阮元校刻《十三經注疏》本，頁 733 上欄。
〔註90〕徐彥《春秋公羊傳注疏》卷二八，阮元校刻《十三經注疏》本，頁 2352 下欄
　　　　與頁 2353 中欄。

曰：「男三十壯有室，女二十壯而嫁。」

　　疏證：《周禮》疏引《聖證論》云「……尹更始曰……**幷，二十而嫁，有故，二十三年而嫁**……」（第339頁下欄至第340頁上欄）

　　按：「二十而嫁」下，《續編》本有「曲禮三十曰壯有室盧氏云三十盛壯可以取女內則三十而有室始理男事女子十五幷二十而嫁」三十九字，與《周禮·媒氏》賈疏引王肅引尹更始語合〔註91〕。淮南本、《續修四庫》本蓋涉「幷二十而嫁」而脫三十九字。又，「二十三年」之「年」，淮南本、《續修四庫》本衍，《續編》本作「二十三」，是。

4. 脫文、訛文與衍文例

　　（5）卷八《三正·論文質》：王者必一質一文者何？所以承天地，順陰陽。陽之道極，則陰道受，陰之道極，則陽道受，明二陰、二陽不能相繼也。

　　疏證：《公羊》桓十一年注「故王者**始**先本天道以治天下**質而親親而不尊。**故後王起，法地道以治天下，文而尊尊。及其**衰也蔽**……及其衰敝，其失也尊尊而不親，故復反之於質。」（第314頁上欄）

　　按：「始」下，《續編》本有「起」，是。又，「質而親親」下，《續編》本有「及其衰敝其失也親親」九字，是。又，「衰也蔽」之「也」，衍文。又，「蔽」，當爲「敝」，《續編》本作「衰敝」，是。《續編》本與《公羊傳·桓公十一年》何休注合〔註92〕。淮南本、《續修四庫》本誤。

　　（6）卷一二《闕文·朝聘》：至正月朔日，乃執而朝賀其君，朝賀以正月何？歲首意氣改新，欲長相保，重本正始也。故羣臣執贄而朝賀其君。

　　疏證：《續漢·禮儀志》注引《決疑要注》曰「古者朝會皆執贄……**漢魏儀制正旦一大會**……」（第378頁上欄）

　　按：「漢魏儀制正旦一大會」，《續編》本作「漢魏依其制正旦大會」，義長。考《後漢書志·禮儀中》劉昭注引《決疑要注》曰：「……漢魏粗依其制，正旦大會……薦以鹿皮。」〔註93〕「儀」，當爲「依」，

〔註91〕賈公彥《周禮注疏》卷一四，阮元校刻《十三經注疏》本，頁733頁上欄。
〔註92〕徐彥《春秋公羊傳注疏》卷五，阮元校刻《十三經注疏》本，頁2220頁中欄。
〔註93〕司馬彪撰，劉昭注補《後漢書志》第五，頁3130。

二字音近而訛。又，「漢魏」下脫「粗」字。又，「一」，衍文。淮南本、《續修四庫》本誤。

5. 衍文、脫文與錯亂例

（7）卷四《封公侯·論設牧伯》：州伯者，何謂也？伯，長也。選擇賢良，使長一州，故謂之伯也。《王制》曰：「千里之外設方伯。五國以為屬，屬有長。十國以為連，連有率。三十國以為卒，卒有正。二百一十國以為州，州有伯。」

疏證：又《公羊》桓二年注云「古者諸侯五國為屬，屬有長……州有伯」，**與《王制》合。疏以為《春秋說》文。**（第 245 頁上、下欄）

按：「與王制合疏以為春秋說文」，《續編》本作「徐彥疏以為王制及春秋說文」，是，與《公羊傳·桓公二年》徐彥疏合〔註94〕。淮南本、《續修四庫》本誤。

二、《續編》本以淮南本為底本校改例

王先謙刊刻《皇清經解續編》時，對《白虎通疏證》所選底本是沒有說明的，在這十二卷每一卷卷末的校勘記中亦找不到關於所用底本的蛛絲馬蹟。通過對淮南本與《續編》本的對比校勘，筆者認為其底本是淮南本，《續編》本是在淮南本基礎上校改完善的。關於對此的論斷，並非筆者臆測，此問題可以找到立論根據。

從時間上來看，淮南本刊行於光緒元年，《續編》本於光緒十二年開始刊刻，在時間間隔上有十二年，鑒於現今大型圖書館皆有淮南本《白虎通疏證》的藏本，那麼，當時淮南本《白虎通疏證》排版印量應該很多，在世面上流傳很廣，比較方便找到。

從版本行款上來看，淮南本每行二十四字，《續編》本亦二十四字，而清抄本二十三字。《續編》本在排版中沿襲了淮南本之每行二十四字，以便於抄錄刻板印刷，而且在文本中，筆者發現《續編》本校改了淮南本大量的訛誤，這種校改，有時只是改一個字（這種情況不足以辨別底本），有時要增添淮南本所脫之文，有時要刪除淮南本之衍文，有時要調整其篇章次第，有時訛誤類型又混合在一起，這幾種情況就足以鑒定其所校勘之底本。比較明顯的地

〔註94〕徐彥《春秋公羊傳注疏》卷四，阮元校刻《十三經注疏》本，頁 2214 上欄。

方,《續編》本爲了保持該行或鄰近行的首字與末字與淮南本的契合,不惜要刪除或增添不影響文義的漢字來騰出或佔有空位,以便湊足這一行或這一小節的字數,從整體上達到抄錄刻板的更精確效果。爲方便概覽,本文按淮南本與《續編》本的排版格式(由豎排改爲橫排),簡列所涉文,稍作文本描述。爲方便說解,以《續修四庫全書》影印淮南本標注頁碼。

(一)形式方面

1. 補脫文而刪字

上文已論,淮南本存在大量的脫文,《續編》本在增補此脫文時,往往刪掉該行或相鄰行中無關緊要的,或稱爲不影響文意的漢字。其操作上往往是刪掉「曰」、「云」,「也」、「焉」等字或者採取書名的省稱。

(1)就近

就近,指的是在該行增補脫文,相應地刪除不影響文義的漢字的情況。如:

①卷九《五刑‧論刑法科條》:傳曰:「三皇無文,五帝畫象。三王明刑,應世以五。」

　　疏證:《漢書‧刑法志》:「禹堯舜之後,自以德衰而制肉刑,湯武順而行之者,以俗薄於唐虞也。」(第335頁上、下欄)

　　按:「漢書刑法志禹承堯舜」,《續編》本作「漢刑法志禹承堯舜」。《漢書‧刑法志》有「承」字〔註95〕,《續編》本補此字,刪「漢書」之「書」字。其文本表現是:

淮南本:

墨○○○○○○○○○○○○○○○○○○
引○○○○○○○○○○○○○漢書刑法志禹
堯舜之後○○○○○○○○○○五行者五常之鞭
行○○○○○○○○○○○○○

《續編》本:

墨○○○○○○○○○○○○○○○○○○
引○○○○○○○○○○○○○漢刑法志禹承
堯舜之後○○○○○○○○○○五行者五常之鞭
行○○○○○○○○○○○○○

〔註95〕班固撰,顏師古注《漢書》卷二三,頁1112。

②卷一一《喪服·論倚廬》：既虞，寢有席，疏食水飲，朝一哭，夕一哭而已。

疏證：《喪大記》云：「既葬，疏食水飲，不食菜果。」熊氏云：「既葬哀殺，可以疏食，不復用<u>溢米也</u>。」（第358頁上欄）

按：「溢米也」，《續編》本作「一溢米」，是。《禮記·喪大記》孔疏引熊氏有「一」字〔註96〕。《續編》本補此字，刪句末「也」字。其文本表現是：

淮南本：

食○○○○○○○○○○○○○○○○○○○○○
殺○○○○○○○○溢米也○○○○○○○○○
食○○○○○○○○○○○○○○○○○○○○○
飲○○○○○○○○○○○○○○○○○○○○○

《續編》本：

食○○○○○○○○○○○○○○○○○○○○○
殺○○○○○○○○○一溢米○○○○○○○○○
食○○○○○○○○○○○○○○○○○○○○○
飲○○○○○○○○○○○○○○○○○○○○○

（2）取遠

取遠，指的是在增補脫文時，在該行補足脫文，相應地在相鄰行（指雙行小字）刪除不影響文義的漢字的情況。如：

①卷六《辟雍·論庠序之學》：其有賢才美質，知學者足以開其心，頑鈍之民，亦足以別於禽獸而知人倫，故無不教之民。孔子曰「以不教民戰，<u>謂棄之</u>」。明無不教民也。

疏證：<u>《漢書·食貨志》</u>：「其有秀異者，移鄉學於庠序。」<u>蓋</u>古者二十五家爲里，里必有塾。（第283頁下欄）

按：「謂棄之」上，《續編》本有「是」字，與盧校本同〔註97〕。「《漢書·食貨志》」，《續編》本作「《漢·食貨志》」。「蓋古者」，《續編》本作「古者」。《續編》本補「是」，一大字，其雙行小字皆縮減一字空位。其文本表現是：

〔註96〕孔穎達《禮記正義》卷四四，阮元校刻《十三經注疏》本，頁1576下欄。
〔註97〕班固等撰《白虎通》卷二下，《叢書集成初編》第238冊，頁134。

淮南本：

漢書食貨志○○○○○○學
戰謂棄之明無不教民也於庠序蓋古者二十五家為里學

《續編》本：

漢食貨志○○○○○○○學
戰是謂棄之明無不教民也於庠序古者二十五家為里學

②卷八《三綱六紀‧論綱紀所法》：三綱法天地人，六紀法六合。君臣法天，取象日月屈信，歸功天也。父子法地，取象五行轉相生也。夫婦法人，取象人合陰陽，有施化端也。

疏證：上《五行》篇云：「所以更王何？以其轉相生，故有終始也。」以木生火，火生金，金生水，水又生木，亦如父生子，子生孫也。《古微書‧漢含孳》云：「水火交感，陰陽以設，夫婦象也。」是夫婦法人，合陰陽也。「人合」舊作「六合」誤。（第316頁上欄）

按：「火生」下，《續編》本有「土土生」三字。《白虎通‧五行‧論五行更王相勝變化之義》云：「五行所以更王何？以其轉相生，故有終始也。木生火，火生土，土生金，金生水，水生木。」〔註98〕因涉「生」字而致脫文。《續編》本增補「土土生」三字，相應地刪除「上《五行》篇」之「云」字；「以木生火」之「以」字；以及對句末一句變換了語言表達，減少了一字，即「『人合』舊作『六合』誤」，《續編》本作「『人合』舊誤『六合』」。其文本表現是：

淮南本：

君○○○○○○○○○○○○○○○上五行篇云所以更王
何以其轉相生故有終始也以木生火火生金金生水水又
生木亦如父生子子生孫也○○○○○○○水火交感陰
陽○○○○○○○○○○○○人合舊作六合誤
六××××××××××××××××××××××××

〔註98〕陳立《白虎通疏證》卷四，《皇清經解續編》第5冊，頁524下欄。

《續編》本：

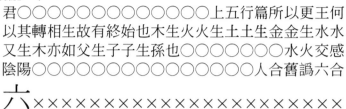

還有一類情況，《續編》本在補淮南本之脫文時，往往在上下文變換語言表達節省字的空位，最常見的是以「卅」代「三十」，以「廿」代「二十」。例如：

卷六《辟雍·論靈臺明堂》：天子所以有靈臺者何？所以考天人之心，察陰陽之會，揆星辰之證驗，爲萬物獲福無方之元。《詩》云：「經始靈臺。」

疏證：<u>哀二十五年</u>《左傳》「衛侯爲靈臺於籍圃」者，孔穎達謂「借名之」，是也。《續漢志》引《<u>文嘉</u>》云：「禮，天子靈臺，所以觀天人之際，陰陽之會也……」（第283頁下欄～第284頁上欄）

按：「文嘉」上，脫「含」字。《續編》本補，是。《含文嘉》乃《禮緯》之一。《續編》本爲補此字，將上文所引《左傳》之「哀二十五年」，變換爲「哀廿五年」，以節省一字的空位。其文本表現是：

淮南本：

```
杜預○○○○○○○哀二十五年左傳衛侯爲靈臺於籍
圃者○○○○○○○○○續漢志引文嘉云○○○靈臺
```

《續編》本：

```
杜預○○○○○○○哀廿五年左傳衛侯爲靈臺於籍圃
者○○○○○○○○○續漢志引含文嘉云○○○靈臺
```

《續編》本在校改淮南本時，或是刪除不影響文義的字，或是變換語言表達以節省字的空位。有時，這兩種情況在校改時是同時存在的。例如：

卷一一《崩薨·論君弔臣》：或曰：大夫疾，君問之無數。士疾，一問之而已。

疏證：又《雜記下》云：「卿大夫疾，君問之無算，士一問之。」<u>孔氏云</u>：「謂有師保之恩，故問之無算。」則此與《雜記》謂有恩舊者之大夫同。（第366頁上欄）

按：「之恩」，《續編》本作「恩舊之親」，與《禮記‧雜記下》孔疏合〔註99〕。比之淮南本，《續編》本校改後多出二字，爲有此二字的空位，一方面刪除「又《雜記下》云」之「云」字；另一方面將「孔氏云」三字，變換爲「疏云」二字。其文本表現是：

淮南本：
　　說同又雜記下云卿大夫疾○○○○○○○○○○孔氏云
　　謂有**師保之恩**○○○○○○○○○○○○○○○○○大

《續編》本：
　　說同又雜記下卿大夫疾○○○○○○○○○疏云謂有
　　師保恩舊之親○○○○○○○○○○○○○○○○○大

2. 刪衍文而補字

上文已論，淮南本存在大量的衍文，《續編》本刪掉原衍文時，往往增補該行或相鄰行中無關緊要的，或稱爲不影響文義的漢字。其操作上往往是增補「曰」、「云」等一些在特定語境中可有可無的字。

（1）就近

就近，指的是《續編》本在刪掉淮南本衍文時，在該行爲填字的空位而增補一字的情況。例如：

①卷五《三軍‧論告天告祖之義》：《尚書》曰：「歸格於藝祖。」

疏證：《書‧堯典》文，《釋文》引馬注：「藝，襧也。」案《御覽》引《書大傳》作「歸格於藝祖」。又，此下亦引《尚書》言「歸格於**藝**祖襧」，**多**用今文《書》說……（第265頁下欄）

按：「藝祖襧」之「藝」字，衍文，《續編》本無此字，是。《白虎通》此篇下文云：「還不復告天者，天道無外內，故不復告也。《尚書》言：『歸格於祖襧。』不言告於天，知不告也。」〔註100〕盧校本引《尚書》亦作「祖襧」〔註101〕。「多」上，《續編》本有「班」字。《續編》本刪「藝」字補「班」字。按照語境，「班」字，亦可有可無之文，語義指嚮明確。其文本表現是：

〔註99〕孔穎達《禮記正義》卷四三，阮元校刻《十三經注疏》本，頁1566下欄。
〔註100〕陳立《白虎通疏證》卷五，《皇清經解續編》第5冊，頁527中欄。
〔註101〕班固等撰《白虎通》卷二上，《叢書集成初編》第238冊，頁101。

淮南本：

藝祖禰多用今文書說○○○○○○○
於○○○○○○○○○○○○□出所以告天何示

《續編》本：

祖禰班多用今文書說○○○○○○○
於○○○○○○○○○○○○□出所以告天何示

②卷一○《嫁娶・論同姓外屬不娶》：不娶同姓者，重人倫，防淫泆，恥
與禽獸同也。《論語》曰：「君娶於吳，爲同姓，謂之吳孟子。」《曲禮》曰：
「買妾不知其姓則卜之。」

疏證：隱元二年《公羊》注：「婦人以姓配字，不忘本。因示不適同姓。」
是也。（第 346 頁上欄）

按：「二」，衍文，《續編》本無此字，是。陳立所引爲《公羊傳・隱公
元年》何休注文〔註 102〕。「隱」下，《續編》本有「公」字。《續
編》本刪「二」字，在上文補「公」字填補其空位。其文本表現
爲：

淮南本：

又○○○○○○○○○○○○○○○○○○□○○○○○○姓
不○○○○○○○○隱元二年公羊注婦人以姓配字

《續編》本：

又○○○○○○○○○○○○○○○○○○○○○○○○姓
不○○○○○○○隱公元年公羊注婦人以姓配字

③卷一一《崩薨・論天子弔諸侯》：天子聞諸侯薨……使大夫弔之，追遠
重終之義也。

疏證：《穀梁》定元年傳：「周人有喪，魯人亦有喪。周人弔，魯人不弔。
周人曰：『固吾臣也，使人可也。』」（第 365 頁下欄）

按：「亦」字，衍文，《續編》本無此字，與《春秋穀梁傳》合〔註 103〕。
「傳」下，《續編》本有「云」字。《續編》本刪「亦」字，補「云」
字填補其空位。其文本表現爲：

〔註 102〕徐彥《春秋公羊傳注疏》卷一，阮元校刻《十三經注疏》本，頁 2198 下欄。
〔註 103〕楊士勛《春秋穀梁傳注疏》卷一九，阮元校刻《十三經注疏》本，頁 2443
上欄。

淮南本：

　　穀梁定元年傳周人有喪魯人亦有喪○○○○○○○周
　　人○○○○○○○○○○○○○○○○○○○○○○歸

《續編》本：

　　穀梁定元年傳云周人有喪魯人有喪○○○○○○○周
　　人○○○○○○○○○○○○○○○○○○○○○○歸

（2）取遠

　　取遠，指的是在刪掉該行衍文時，相應地在相鄰行增補不影響文義的漢字的情況。例如：

　　卷一《爵・天子即位改元》：故《王度記》曰：「天子冢宰一人，爵祿如天子之大夫。」或曰：冢宰視卿，《周官》所云也。

　　疏證：其《荀子・王制篇》：「本政教，正法則，兼聽而時稽之，度其功勞，論其慶賞，以時慎修，使百吏免盡而衆庶不偷，冢宰之事**與**也。」又云：「故政事亂則冢宰之罪也。」<u>以冢宰</u>、辟公並稱，蓋亦據周制言之。（第218頁上欄）

　　按：「與」，衍文，《續編》本無此字，與《荀子・王制篇》合〔註104〕。「以冢宰」上，有「且」字。《續編》本刪「與」字，補「且」字。其文本表現是：

淮南本：

　　正○○○○○○○○○○○○○○○○○○○○○○百
　　吏○○○○○○○冢宰之事與也○○○○○○○則冢宰
　　之罪也以冢宰辟公並稱○○○○○○○○○長
　　統○○○○○○○○○○○○○○○○○也

《續編》本：

　　正○○○○○○○○○○○○○○○○○○○○○○百
　　吏○○○○○○冢宰之事也○○○○○○○則冢宰之
　　罪也且以冢宰辟公並稱○○○○○○○○○長
　　統○○○○○○○○○○○○○○○○○也

　　還有一類特殊情況，淮南本存在訛文，《續編》本校正時，若是文字不對等，即淮南本的字數多於《續編》本，《續編》本往往用「云」、「曰」等字填

〔註104〕王先謙撰《荀子集解》卷五，頁170。

補字的空位。例如：

　　卷四《五行‧論十二律》：七月謂之夷則何？夷，傷也。則，法也。言萬物始傷被刑法也。

　　疏證：《國語‧周語》「五曰夷則，所以詠<u>法去</u>九則，平民無貳也」，注：「夷，
　　　　　平也。則，法也。言萬物既成，可法則也。」（第 260 頁下欄）

　　按：「法去」，《續編》本作「歌」，與《國語‧周語下》合〔註 105〕。「《國
　　　　語‧周語》」下，《續編》本有「云」字。《續編》本校改後，兩字變
　　　　一字，因此《續編》本又補「云」字。其文本表現是：

　淮南本：
　　　　結○○○○○○○○國語周語五月夷則所以詠法去九
　　　　則○○○○○○○○○○○○○○○○○○○○○漢

　《續編》本：
　　　　結○○○○○○○○國語周語云五月夷則所以詠歌九
　　　　則○○○○○○○○○○○○○○○○○○○○○漢

　　有時，衍文與訛文的情況又往往交織在一起，既刪衍文又補字，校正訛
文時，由於前者字數多於所校之字，又爲塡字空而補字，例如：

　　卷九《姓名‧論字》：婦人姓以配字何，明不娶同姓也。故《春秋》曰：
「伯姬歸於宋。」姬者，姓也。

　　疏證：<u>所引《春秋傳》，成九年《公羊傳》文。</u>（第 329 頁上、下欄）

　　按：《續編》本作「所引春秋爲成公九年經文」，是，《公羊傳‧成公九年》
　　　　實有此文〔註 106〕。「春秋傳」之「傳」字衍文，《續編》本補「爲」
　　　　字。又，「公羊傳」，當爲「經」。於此句「成」下，補「公」字，小
　　　　字行末留一空格，接續大字正文。其文本表現爲：

　淮南本：
　　　　號○○○○○所引春
　　　　秋傳成九年公羊傳文^質×××××××××××積

　《續編》本：
　　　　號○○○○○所引春
　　　　秋爲成公九年經文□^質×××××××××××積

〔註 105〕上海師範大學古籍整理組校點《國語》卷三，頁 132。
〔註 106〕徐彥《春秋公羊傳注疏》卷一七，阮元校刻《十三經注疏》本，頁 2293 下欄。

　　以上討論了補字與刪字情況，有時，補脫文與刪衍文的情況同時存在一處行文中。既刪衍文又補脫文，若文字仍不對等，再採取以上所論述的方式，或刪無關緊要之字或補無關緊要之字。此舉一例補脫文、刪衍文、再刪無關緊要的字的情況，例如：

卷一一《喪服‧論杖》：禮，童子婦人不杖者，以其不能病也。

疏證：案<u>鄭氏</u>於《喪服》注，雖未明指童子婦人，然於《小記》「女子子在室爲父母，<u>其主喪者不杖</u>」，<u>注云</u>：「女子子在室<u>爲父母</u>，亦童子也。無男昆弟，使同姓爲攝主不杖，則子一人杖，謂長女也。許嫁及二十而笄，笄爲成人，成人正杖也。」不明爲主不爲主之分，則女子在室、許嫁者皆得杖。（第 356 頁下欄～第 357 頁上欄）

按：「其主喪者不杖」下，《續編》本有「則子一人杖」五字，是。若無此五字，則注文所釋「則子一人杖，謂長女也」，無原文可據，故《續編》本所補，良是。又，「爲父母」三字，《續編》本無，淮南本蓋涉正文「女子子在室爲父母」而衍文。《續編》本所補刪與《禮記‧喪服小記》正文及鄭玄注合〔註 107〕。那麼，《續編》本補了脫文，刪了衍文後，還多出兩字，爲了找補此兩字的空位，《續編》本刪「鄭氏」之「氏」字與「注云」之「云」字，在下一行便實現了文字對等。其文本表現爲：

淮南本：
　　傳○○○○○○○○○○○○○○○○○○○○○○○○明
　　婦人非童子也案鄭氏於喪服注○○○○○○○○○然於
　　小記女子子在室爲父母其主喪者不杖注云女子子在室
　　爲父母亦童子也○○○○○○○○○○○○○○○○○人
　　杖○○○○○○○○○○○○○○○○○○○○○○○○明
　　爲○○○○○○○○○○○○○○○○○○○○○○○○君

《續編》本：
　　傳○○○○○○○○○○○○○○○○○○○○○○○○明
　　婦人非童子也案鄭於喪服注○○○○○○○○○然於小
　　記女子子在室爲父母其主喪者不杖則子一人杖注女子
　　子在室亦童子也○○○○○○○○○○○○○○○○○人
　　杖○○○○○○○○○○○○○○○○○○○○○○○○明
　　爲○○○○○○○○○○○○○○○○○○○○○○○○君

〔註107〕孔穎達《禮記正義》卷三三，阮元校刻《十三經注疏》本，頁 1502 下欄。

以上從文本表現形式的角度以例證的形式分析了《續編》本對淮南本的改造情況，筆者認爲從文獻內容的角度再關照一下《續編》本對淮南本的完善情況更能明確《續編》本與淮南本的淵源關係，更能考證二本之優劣。

（二）內容方面

1. 補正人名，以明所作

在淮南本《白虎通疏證》中，陳立引用文獻所署的人名存在很多字誤的情況，或音近而誤，或形近而訛，《續編》本刊版時，對這類錯誤已經作了補正。當然，關於人名的避諱字，如，「鄭玄」之「玄」，或作「元」，或缺最後一筆，這種因改寫或缺筆而造成的異文情況，不在本文討論範圍之內。關於淮南本所呈現的人名之誤，以及《續編》本對其的校補情況，舉例論說，如下：

（1）**卷四《封公侯・論封諸侯親賢之義》**：至昆弟支體有分別，故封之也。以舜封弟象有比之野也。

疏證：閻氏若**壖**《釋地三續》則云：「有庳之封，蓋近帝都。而今不可考也。」（第 248 頁上欄）

按：「壖」，《續編》本作「璩」，是。閻若璩，清初學者，主要著作有《尚書古文疏證》、《四書釋地》、《四書釋地續》、《四書釋地又續》等。

（2）**卷六《辟雍・論辟雍泮宮》**：不言泮雍何？嫌但半天子制度也。《詩》云：「穆穆魯侯，克明其德，既作泮宮，淮夷攸服。」

疏證：故**袁唯**《五經正論》，一宗鄭氏之說。此雖不言其同異，然引《王制》之文，以證大學、小學所在，自以辟雍在西郊，與鄭氏說同焉。（第 282 頁下欄～第 283 頁上欄）

按：「袁唯」，《續編》本作「袁准」，是。《隋書・經籍志》：「《袁子正論》十九卷，袁準撰。」〔註108〕《太平御覽・禮儀部・明堂》引《袁子正論》曰：「明堂、宗廟、太學，禮之大物也，事義不同，而論者合以爲一，失之遠矣。」〔註109〕《毛詩・靈臺》孔疏引袁準《正論》云：「明堂、宗廟，太學、禮之大物也，事義不同，各有所爲而世之，論者合以爲一體。取《詩》、《書》放逸之文，經典相似之語而致之，

〔註108〕魏徵等撰《隋書》卷三四，頁 998。
〔註109〕李昉等撰《太平御覽》卷五三三，頁 2421 上欄。

不復考之人情驗之道理，失之遠矣。」〔註110〕陳立所指蓋即此文。

（3）卷一〇《嫁娶·論遣女戒女》：父母親戒女何？親親之至也。父曰：「誡之敬之，夙夜無違命。」母施衿結帨曰：「勉之敬之，夙夜無違宮事。」父誡於阼階，母誡於西階，庶母及門內施鞶，申之以父母之命，命之曰：「敬恭聽爾父母之言，夙夜無愆，視諸衿鞶。」

疏證：盧按《穀梁》桓三年傳云：「禮，送女，父不下堂，母不出祭門。」**何休**云：「祭門，廟門也。」（第342頁上欄）

按：「何休」，《續編》本作「范甯」，是。考《穀梁傳·桓公三年》范注言此〔註111〕。此乃陳立引盧文弨校〔註112〕，未審文義，沿襲盧誤。

（4）卷一一《喪服·論倚廬》：寢苫枕塊，哭無時，不脫絰帶。

疏證：《左傳·釋文》引王**檢**云：「夏枕凷，冬枕草。」（第358頁上欄）

按：「檢」，《續編》本作「儉」，與《左傳·襄公十七年》引《釋文》同〔註113〕。「檢」、「儉」，形近而訛。

2. 糾補書名，以表所源

陳立疏解時徵引了很多典籍，涉及經、史、子、集各部文獻。在淮南本《白虎通疏證》中，屢見書名訛誤，或字誤，或兩種典籍的張冠李戴，甚至，有些表示書的性質的定語也有疏漏。例如：

（1）卷三《社稷·論祭社稷所用牲》：《尚書》曰：「乃社於新邑，牛一，羊一，豕一。」

疏證：**何**孔傳：「告立社稷，用太牢也。」（第230頁下欄）

按：「何」，《續編》本作「偽」，是。中華本沿襲淮南本之誤，且在「何」上，加注表示人名的標識符，誤甚。

（2）卷七《蓍龜·總論蓍龜》：《尚書》曰：「汝則有大疑，謀及卿士，謀及庶人，謀及卜筮。」「定天下之吉凶，成天下亹亹者，莫善乎蓍龜。」

疏證：《書·洪範》、《易·繫詞傳》文也。《正義》本《石經》作「莫大

〔註110〕孔穎達《毛詩正義》卷一六，阮元校刻《十三經注疏》本，頁524中欄。
〔註111〕楊士勛《春秋穀梁傳注疏》卷三，阮元校刻《十三經注疏》本，頁2373下欄。
〔註112〕盧文弨《〈白虎通〉校勘補遺》，《叢書集成初編》第239冊，頁21。
〔註113〕孔穎達《春秋左傳正義》卷三三，阮元校刻《十三經注疏》本，頁1964中欄。

乎蓍龜」。《釋文》本、定八年《公羊》注、王肅《家語》注、《禮運》注、《儀禮疏》、《羣書治要》、**及等方術傳注**、《文選‧絕交論》汪鈔本、《書鈔‧藝文部》，皆作「莫善」，與此同。（第 302 頁上欄）

按：「及等」，《續編》本作「後漢」，即《後漢‧方術傳》注。「及等」二字於此不辭，陳立為明「莫大乎蓍龜」之「莫大」二字的文本異同，引文獻以為證，《後漢‧方術傳》注引作「莫善」二字。考《後漢‧方術傳》注引《易》作「莫善於蓍龜」〔註114〕。

（3）卷一一《崩薨‧論尸柩》：尸柩者，何謂也？尸之為言陳也。失氣亡神，形體獨陳。

疏證：「陳也」上，舊有「失也」二字，盧據《**詩鈔**》、《御覽》所引無。案「失也」，即「矢也」之訛。（第 369 頁下欄）

按：「詩」，《續編》本作「書」，是。考盧文弨校，亦作「《書鈔》」〔註115〕。《書鈔》，即《北堂書鈔》之省寫，無《詩鈔》之名目。

3. 移正文本，暢通文義

淮南本《白虎通疏證》存在徵引文獻混亂的情況，小的方面關乎相近文字的誤倒，大的方面關乎上下篇所引文獻內容的混亂。上文所舉證的關於陳立所引《莊子‧田子方》篇之「儒者緩佩玦者事至而斷」與《說苑》文相混淆的情況，這是《續編》本在移正文本方面的一個典型例子。再舉一列以明之。

卷九《五經‧論書契所始》：《春秋》何常也？則黃帝以來。何以言之？《易》曰：「上古結繩而治，後世聖人易之以書契，百官以理，萬民以察。」後世聖人，謂五帝也。

疏證：**案《墨子‧明鬼篇》云「吾見百國春秋」，又云「著在周之春秋」**，「燕之春秋」，「齊之春秋」，「宋之春秋」。（第 338 頁下欄）

按：「案墨子明鬼篇云吾見百國春秋又云」，《續編》本作「案墨子佚文吾見百國春秋又明鬼篇」，是。「吾見百國春秋」，遍檢《墨子》無此文，此是佚文。《墨子閒詁‧明鬼篇下》「當是之時，周人從者莫不見，

〔註114〕范曄撰，李賢等注《後漢書》卷七二上，頁 2705。
〔註115〕班固撰等撰《白虎通》卷四下，《叢書集成初編》第 239 冊，頁 301。

遠者莫不聞，著在周之《春秋》」，孫詒讓注：「《史通·六家》篇、《隋書·李德林傳》並引《墨子》云『吾見百國《春秋》』。」〔註116〕「《明鬼篇》」，《續編》本移之「又」下，是。

4. 糾正訛誤，還原文本

《續編》本對淮南本的校補完善情況，從文本對讀與文獻考證方面來看，比比皆是，可以參閱上文對淮南本「訛誤」例的校改，此僅舉三例以明之。

（1）卷四《五行·論五味五臭五方》：《尚書》曰：「潤下作鹹，炎上作苦，曲直作酸，從革作辛，稼穡作甘。」

疏證：胡氏（謂／渭）《洪範正論》云「**此即『潤』、『水』等字**，仍當作『水』、『火』等解」。（第256頁下欄）

按：「此即潤水等字」，「即」，當爲「節」，「水」，當爲「炎」，蓋此「水」字涉下文「水、火」二字而誤。「潤」指「潤下作鹹」，「炎」指「炎上作苦」。《續編》本作「此節潤炎等字」，是。考《洪範正論》云「不曰『水作鹹』，而曰『潤下作鹹』，不曰『火作苦』，而曰『炎上作苦』，是古人文字近便承接之法，讀者不可以辭而害意。『潤下』等十字，仍當作水、火、木、金、土五字。看《內經素問》岐伯曰：『木生酸，火生苦，土生甘，金生辛，水生鹹。』其明證也」〔註117〕，「先儒說此節泥『潤下』、『炎上』等字面，皆以五材爲五味所由成，故其說膠滯膚淺，多乖謬而不可通」〔註118〕。陳立以意節引此文。

（2）卷四《五行·論五行更王相生相勝變化之義》：陽氣陰煞，火中無生物，水中反有生物何？生者以內，火陰在內，故不生也。（第262頁上欄）

按：「氣」，《續編》本作「生」，是，盧校本亦作「生」〔註119〕。此「生」與「煞」相對成文。

（3）卷一一《喪服·論衰》：布衰裳，麻絰，箭笄，繩纓，苴杖，爲暑及本絰者，亦示也，故總而載之，示有喪也。

疏證：《喪服》注云：「**箭**，篠竹也。」（第356頁上、下欄）

〔註116〕孫詒讓《墨子閒詁》卷八，頁140-141。
〔註117〕胡渭《洪範正論》卷二，《四庫全書》第68冊，頁23下欄。
〔註118〕胡渭《洪範正論》卷二，《四庫全書》第68冊，頁24上、下欄。
〔註119〕班固等撰《白虎通》卷二上，《叢書集成初編》第238冊，頁92。

按：「箭」下，《續編》本有「笴」字，與《儀禮·喪服》鄭玄注合〔註120〕。
　　淮南本脫文。

5. 增補引文，完善文義

在淮南本《白虎通疏證》中，往往存在徵引文獻不全的情況，或雜糅文句，或省略文句，或原文所引少於注文所釋，造成語義未備，文義難解。例如，上文所論「淮南本存在脫文問題」之「涉上下文相同的漢字復現而脫」所舉「高子曰娶乎大夫者略之也」的增補，以及上文所論「《續編》本據淮南本改之例證」之「形式方面」所論最後一例，「則子一人杖」的增補，皆屬於《續編》本據淮南本之注文增補正文所闕引文的情況。關於《續編》本對淮南本陳立所引文獻的增補，再舉三例以明之。

（1）卷六《災變·論日月食水旱》月食救之者，陰失明也。故角、尾交，日月食救之者，謂夫人擊鏡，孺人擊杖，庶人之妻楔搔。

疏證：猶《穀梁》莊<u>二十四年所說士擊門門</u>以救日也。（第 286 頁下欄）

按：「莊二十四年所說士擊門門」，《續編》本作「莊二十五年所說大夫擊門
　　士擊柝」。「莊二十四年」，《續編》本作「莊二十五年」，是。又，「士
　　擊門門」，《續編》本作「大夫擊門士擊柝」，是。《穀梁傳·莊公二十
　　五年》云：「六月，辛未朔，日有食之，言日言朔，食正朔也。鼓，用
　　牲於社。鼓，禮也。用牲，非禮也。天子救日，置五麾，陳五兵五鼓。
　　諸侯置三麾，陳三鼓三兵，大夫擊門，士擊柝，言充其陽也。」〔註121〕
　　淮南本將「大夫」與「士」之文雜糅成句，且句末衍「門」字。《續編》
　　本在增補脫文的同時，還校正了訛文，刪改了衍文。關於此處行文，
　　中華本僅在校語中略有說明，沒有校改，且「門」字斷為下讀，誤。

（2）卷一一《喪服·論三年喪義》：後代聖人，因天地萬物有終始，而
為之制，以期斷之。

疏證：《禮記·三年問》云：「故先王焉為之立中制節，壹使足以成文理，
　　則釋之矣。然則何以至期也？曰：至親以期斷。是何也？曰：<u>天</u>
　　<u>地則已變矣</u>，其在天地之中者，莫不更始也，以是象之也。」（第
　　355 頁下欄）

〔註120〕賈公彥《儀禮注疏》卷二九，阮元校刻《十三經注疏》本，頁 1101 中欄。
〔註121〕楊士勛《春秋穀梁傳注疏》卷六，阮元校刻《十三經注疏》本，頁 2387 上欄。

按：「天地則已變矣」，《續編》本作「天地則已易矣四時則已變矣」，與《禮記·三年問》之文合〔註123〕。淮南本脫「則已易矣四時」六字。將「天地」與「四時」之文雜糅成句。爲了補此六字，《續編》本刪上「《禮記·三年問》云」之「云」，以及下文「案《禮記·郊特牲》云」、「又《禮運》云」、「《曾子問》云」之三「云」字。又，將下文「則太古喪服與吉服同」，變換爲「則太古喪服同吉服」，騰出一字的空位。又，利用原淮南本此段疏證末一空格，安放所補六字，實現了《白虎通》下文的文字對等。

（3）卷一一《喪服·論倚廬》：居外門內，東壁下爲廬。

疏證：《喪服》疏：「居倚廬者，孝子所居，<u>在東壁</u>，倚木爲廬。」<u>是也</u>。
　　　　（第 358 頁上欄）

按：「在東壁」，《續編》本作「在門外東壁」，與《儀禮·喪服》孔穎達疏合〔註124〕。「門外」，表明了孝子所居倚廬的位置所在，即《儀禮疏》云：「故《既夕記》云『居倚廬』，鄭注云：『倚木爲廬，在中門外，東方北戶。』又《喪大記》云『凡非適子者，自未葬以於隱者爲廬』，注云：『不欲人屬目，蓋廬於東南角。』若然，適子則廬於其北顯處爲之，以其適子當應接弔賓，故不於隱者。」〔註125〕《續編》本補「門外」二字，相應地刪去了句末「是也」二字，實現了該行字數的對等。

綜述，以上從文本形式與文獻內容角度，舉例論說了《續編》本對淮南本改造及完善的情況，所舉案例很多，以便讀者從實際案例中更能清晰地看到二種版本的優劣。

三、《續編》本與淮南本異文例證

王先謙刊刻《皇清經解續編》時提高了《白虎通疏證》的文獻質量，完善了其文本內容。爲了說明這一問題，筆者從《白虎通疏證》十二卷中，每一卷選取三例作一簡略說明，爲了便於行文，對諸如訛文、脫文、衍文等交

〔註123〕孔穎達《禮記正義》卷五八，阮元校刻《十三經注疏》本，頁 1663 中欄。
〔註124〕賈公彥《儀禮注疏》卷二八，阮元校刻《十三經注疏》本，頁 1098 中欄。
〔註125〕賈公彥《儀禮注疏》卷二八，阮元校刻《十三經注疏》本，頁 1098 中欄。

織在一起的情況從省處理。以下所舉三十六例，皆《續編》本「是」，而淮南本「非」之案例。此節以上海書店 1988 年影印《皇清經解續編》本《白虎通疏證》頁碼為序，為清眉目，列表明之，如下：

《續編》本與淮南本異文例證表：

編號	分類	篇目	《續編》本	淮南本	說　明
1	訛文	爵	原文：伯者，白也。 疏證：《風俗通‧皇霸》篇：「伯者，長也，白也，言其咸建五長，功實明白。」（第 499 頁中欄）	浴	按：此書名，淮南本誤，當從《續編》本。考《風俗通義‧皇霸‧五伯》有此文〔註125〕。
2	訛文	爵	原文：地有三等不變，至爵獨變者何？地比爵為質，故不變。 疏證：《禮‧王制》注云：「此地殷所因夏爵三等之制。」知夏亦三等地也。（第 499 頁下欄）	夏	按：據文義，此字當作「三」，是，淮南本誤。
3	訛文	爵	原文：天子之士獨稱元士何？士賤，不得體君之尊，故加元以別於諸侯之士也。《禮經》曰「士見於大夫」，諸侯之士也。《王制》曰：「王者八十一元士。」（第 500 頁下欄）	子	按：「天子之士」之「士」字，淮南本作「子」，誤。《白虎通》元刻本、元大德本皆作「士」，盧校本亦作「士」〔註126〕。
4	訛文	號	原文：於是伏羲仰觀象於天，俯察法於地，因夫婦，正五行，始定人道…… 疏證：《乾鑿度》……又云：「五氣以立，五常以之行，象法乾坤，順陰陽，以正君臣、父子、夫婦之義。」（第 505 頁上欄）	帝	按：考《易緯乾鑿度》云「是故八卦以建，五氣以立，五常以之行」，鄭玄注：「天地氣合而化生五物。」〔註127〕作「常」，是，淮南本誤。

〔註125〕應劭撰《風俗通義》卷上，《叢書集成初編》第 274 冊，頁 11。
〔註126〕班固等撰《白虎通》卷一上，《叢書集成初編》第 238 冊，頁 8。
〔註127〕鄭玄注《易緯乾鑿度》卷上，《叢書集成初編》第 688 冊，頁 3。

5	訛文	號	原文：謂之燧人何？鑽木燧取火，教民熟食，養人利性，避臭去毒，謂之燧人也。 疏證：《管子‧輕重戊》篇又以「黃帝作鑽燧生火，以熟葷臊，民食之無茲膶之疾……」（第505頁上欄）	腥臊……無腥	按：《管子‧輕重戊》云：「黃帝作鑽鐩生火，以熟葷臊，民食之無茲膶之病而天下化之。」〔註129〕「葷臊」，淮南本作「腥臊」，誤。此蓋因俗語而訛。又，「無茲」，淮南本作「無腥」，誤，蓋涉其上句「腥臊」而訛。
6	訛文	號	原文：齊桓、晉文，霸於周者也。 疏證：《風俗通‧皇霸》篇：「齊桓九合一匡，率成王室……」（第506頁下欄）	至	按：考《風俗通義‧皇霸‧五伯》作「室」〔註130〕。淮南本誤。
7	訛文	禮樂	原文：樂尚雅何？雅者，古正也。所以遠鄭聲也。 疏證：是以《禮‧樂記》「魏文侯問於子夏曰：『吾端冕而聽古樂，則惟恐臥。聽鄭、衛之音，則不知倦。』子夏對曰：『紀綱既正，……然後正六律，和五聲，弦歌詩頌，此之謂德音。德音之謂樂。』」（第511下欄）	大律	按：考《禮記‧樂記》作「六律」〔註131〕。「大」、「六」，形近而訛。淮南本誤。
8	訛文	禮樂	原文：周室中制《象》樂何？殷紂為惡日久，其惡最甚，斮涉刳胎，殘賊天下。武王起兵，前歌後儛，克殷之後，民人大喜，故中作所以節喜盛。（第512頁下欄）	句	按：此條目，陳立疏解云「斮涉刳胎，見《史記‧殷本紀》」，那麼，陳氏所引《白虎通》原文作「刳」。元刻本、元大德本作「刳」。盧校本亦作「刳」〔註132〕。蓋「刳」字脫落構字部件而成「句」字。淮南本誤。
9	訛文	禮樂	原文：故《尚書大傳》曰：「搏拊鼓，裝以糠。琴瑟練絲徽弦。」 疏證：《考索》所引「敬」字，疑亦「練」之誤。（第514下欄）	取	按：據文義，「所」字，是。淮南本作「取」，誤。

〔註128〕管仲《管子》卷二四，《四部叢刊初編》第61冊，頁13，A面。
〔註129〕應劭撰《風俗通義》卷上，《叢書集成初編》第274冊，頁9。
〔註130〕孔穎達《禮記正義》卷三九，阮元校刻《十三經注疏》本，頁1540中欄。
〔註131〕班固等撰《白虎通》卷一下，《叢書集成初編》第238冊，頁51。

10	訛文	封公侯	原文：三公、九卿、二十七大夫、八十一元士，凡百二十官。下應十二子。 疏證：《續漢・天文志》「天者北辰星，合元垂燿建帝形，運<u>機</u>授度張百精。三階九列，二十七大夫，八十一元士，斗、衡、<u>太微</u>、攝提之屬百二十官，二十八宿<u>各布</u>列，下應十二子。」（第516下欄～第517上欄）	攏…… 天…… 非不	按：「機」，淮南本作「攏」，誤。又，「太」，淮南本作「天」，誤。又，「各布」，淮南本作「非不」，誤。《續編》本皆與《後漢書志・天文上》合〔註132〕。
11	訛文	封公侯	原文：周公不之魯何？爲周公繼武王之業也……周公身薨，天爲之變，成王以天子之禮葬之，命魯郊，以明至孝，天所興也。 疏證：案僖卅一年《公羊傳》曰：「卜郊何以非禮？魯郊，非禮也。」注云：「以魯郊非禮，故卜爾……」（第520頁中欄）	三十	按：陳立所引「卜郊何以非禮」云云，實爲《公羊傳・僖公三十一年》文〔註133〕。淮南本誤。
12	訛文	京師	原文：明什倍諸侯，法日月之<u>徑</u>千里。《春秋傳》曰：「京師，天子之居也。」《王制》曰：「天子之田方千里。」（第521上欄）	經	按：「徑」，淮南本作「經」，誤。元刻本、元大德本作「徑」。盧校本亦作「徑」〔註134〕。
13	訛文	誅伐	原文：諸侯之義，非天子之命，不得動衆起兵誅不義者，所以強幹弱枝，尊天子，卑諸侯也。 疏證：<u>今</u>文《書》說也。（第528下欄）	左	按：「今文」，淮南本作「左文」，誤。陳立往往說明《白虎通》原文所據的今古文說。此例即說明《白虎通》原文源自今文《書》說。故陳立接此句便引《御覽》引《書大傳》文，以證《白虎通》原文與《書大傳》文合。

〔註132〕司馬彪撰，劉昭注補《後漢書志》第一〇，頁3213。

〔註133〕徐彥《春秋公羊傳注疏》卷一二，阮元校刻《十三經注疏》本，頁2263中欄。

〔註134〕班固等撰《白虎通》卷一上，《叢書集成初編》第238冊，頁77。

14	訛文	誅伐	原文：諸侯之義，非天子之命，不得動眾起兵誅不義者，所以強幹弱枝，尊天子，卑諸侯也。 疏證：故《繁露·王道》篇：「桓公存邢、衞、杞，不見《春秋》，內心予之，行法絕而不予，止亂之道也，非諸侯之所當爲也。」（528 頁下欄）	流	按：《春秋繁露·王道》第六作「亂」〔註135〕。淮南本誤。
15	錯亂	誅伐	原文：王者諸侯之子，篡弒其君而立，臣下得誅之者，廣討賊之義也。 疏證：隱四年《公羊傳》曰「衞人殺州吁於濮，其稱人何？討賊之辭也」，注：「討者，除也。明國中人人得討之，所以廣忠孝之路。」（第528頁下欄）	之討	按：考《公羊傳·隱公四年》何休注作「討之」〔註136〕。淮南本倒文。
16	訛文	辟雍	原文：故學以治性，慮以變情。故玉不琢不成器，人不學不知道。（第534頁下欄）	義	按：「道」，淮南本作「義」，誤。元刻本、元大德本作「道」。盧校本亦作「道」〔註137〕。考《禮記·學記》云：「玉不琢，不成器。人不學，不知道。」〔註138〕
17	脫文與訛文	辟雍	原文：帝顓頊師綠圖，帝嚳師赤松子，帝堯師務成子，帝舜師尹壽，禹師國先生，湯師伊尹，文王師呂望，武王師尙父，周公師虢叔…… 疏證：《韓詩外傳》云：「臣聞黃帝學乎大撓，顓頊學乎綠圖，帝嚳學乎赤松子，堯學乎務成子附，舜學乎尹壽，禹學乎西王國，湯學貸乎相，文王學乎錫疇子斯……」（第534下欄）	帝嚳學乎湯疇子斯	按：「赤松子堯」至「文王學乎」三十字，淮南本脫。又，「錫疇子斯」之「錫」，淮南本作「湯」，誤。《韓詩外傳》：「哀公問於子夏曰：『必學然後可以安國保民乎？』子夏曰：『不學而能安國保民者未之有也。』哀公曰：『然則五帝有師乎？』子夏曰：『臣聞黃帝學乎大墳，顓頊學乎祿圖，帝嚳學乎赤松子，堯學乎務成子附，舜學乎尹壽，禹學乎西王國，湯學乎貸乎相，文王學乎錫疇子斯。」〔註139〕

〔註135〕董仲舒撰《春秋繁露》卷四，《四部叢刊初編》第10冊，頁4，B面。
〔註136〕徐彥《春秋公羊傳注疏》卷二，阮元校刻《十三經注疏》本，頁2205中欄。
〔註137〕班固等撰《白虎通》卷二下，《叢書集成初編》第238冊，頁129。
〔註138〕孔穎達《禮記正義》卷三六，阮元校刻《十三經注疏》本，頁1521上欄。
〔註139〕韓嬰撰《韓詩外傳》卷五，《四部叢刊初編》第11冊，頁15，A面。

18	訛文	辟雍	原文：古之教民者，里皆有師，里中之老有道德者爲里右師，其次爲左師，教里中之子弟以道藝、孝悌、仁義。（第535頁下欄）	者	按：「古之教民」之「之」，淮南本作「者」，誤。元刻本、元大德本作「之」。盧校本亦作「之」〔註140〕。
19	錯亂	攷黜	原文：諸侯所以攷黜何？王者所以勉賢抑惡，重民之至也。《尚書》曰：「三載考績，三考黜陟。」 疏證：《史記·五帝紀》云：「三載一考功，三考黜陟。」（第541頁中欄）	考一	按：考《史記·五帝本紀》云：「三歲一考功，三考絀陟，遠近眾功咸興。」〔註141〕淮南本誤。
20	訛文	攷黜	原文：玉瓚者，器名也。所以灌鬯之器也。以圭飾其柄，灌鬯貴玉氣也。 疏證：《周禮》注引《漢制度》：「瓚槃大五升，口徑八寸，下有槃，口徑一尺。天子之瓚，其柄以圭，尺有二寸。諸侯用璋瓚，加九錫則賜以圭瓚，宜九尺，下天子也。」（第542頁中欄）	升	按：「寸」，淮南本作「升」，誤。考《周禮·典瑞》云：「裸圭有瓚，以肆先王，以裸賓客。」鄭玄注引《漢禮》云：「瓚槃大五升，口徑八寸，下有槃，口徑一尺。」孔穎達疏云：「此據《禮器制度》文，叔孫通所作。」〔註142〕
21	訛文	八風	原文：清明風至，出幣帛，使諸侯。 疏證：《月令》季春之月云：「開府庫，出幣帛，周天下，勉諸侯，聘名士，禮賢者。」（第547頁中欄）	季夏	按：「季春」，淮南本作「季夏」，誤。考《禮記·月令》「開府庫」云云，乃「季春之月」之事〔註143〕。
22	衍文	瑞贄	原文：何謂五瑞？謂珪、璧、琮、璜、璋也。 疏證：《管子·君臣》篇「瑞以稽之」，注：「瑞，君所與臣爲信，珪璧之屬也。」（第548頁上欄）	以瑞以	按：考《管子·君臣上》云：「而君發其明府之法，瑞以稽之。」〔註144〕淮南本衍上「以」字。

〔註141〕班固等撰《白虎通》卷二下，《叢書集成初編》第238冊，頁133。
〔註142〕司馬遷撰《史記》卷一，頁39。
〔註143〕賈公彥《周禮注疏》卷二〇，阮元校刻《十三經注疏》本，頁777中欄。
〔註144〕孔穎達《禮記正義》卷一五，阮元校刻《十三經注疏》本，頁1363上、中欄。
〔註145〕管仲《管子》卷一〇，《四部叢刊初編》第61冊，頁13，A面。

23	訛文	瑞贄	原文：琮以起土功發衆何？琮之爲言宗也。象萬物之宗聚也。功之所成，故以起土功發衆也。位在西方，西方陽，收功於內，陰出成於外，內圓象陽，外直為陰，外牙而內湊，象聚會也。故謂之琮。后夫人之財也。 疏證：《玉人》云：「駔琮五寸，宗后以爲權。大琮<u>土</u>有二寸，射四寸……宗后守之。」是后夫人之財也。（第548頁下欄）	尺	按：考《周禮・玉人》作「十有二寸」〔註145〕。淮南本誤。
24	訛文	三教	原文：教者，何謂也？教者，效也。上爲之，下效之。民有質樸，不教<u>不</u>成。故《孝經》曰：「先王見教之可以化民。」《論語》曰：「不教民戰，是謂棄之。」《尚書》曰：「以教祗德。」《詩》云：「爾之教矣，欲民斯效。」（第551頁中欄）	而	按：據文義，此論證教的重要性。若「不教而成」，那麼，教就無意義了。元刻本、元大德本作「不」。盧校本亦作「不」〔註146〕。淮南本誤。
25	訛文	姓名	原文：叔者，少也。 疏證：《公羊》<u>文</u>元年注：「叔者，長幼稱也。」（第558頁中欄）	隱	按：考《春秋公羊傳・文公元年》實有此文〔註147〕。淮南本誤。
26	訛文	天地	原文：男女總名爲人，天地所以無總名何？曰：天圓地方不相類，故無總名也。 疏證：《列子・黃帝》篇云：「有七尺之骸，手足之異，<u>戴</u>髮含齒，倚而……」是男女總名人也。（第559頁上欄）	戴	按：考《列子・黃帝》作「戴」〔註148〕。「戴」、「戳」，形體結構相近而訛。淮南本誤。

〔註145〕賈公彥《周禮注疏》卷四一，阮元校刻《十三經注疏》本，頁923中欄。
〔註146〕班固等撰《白虎通》卷三下，《叢書集成初編》第239冊，頁201。
〔註147〕徐彥《春秋公羊傳注疏》卷一三，阮元校刻《十三經注疏》本，頁2266上欄。
〔註148〕楊伯峻《列子集釋》卷第二，頁83。

27	訛文	日月	原文：日之爲言實也，常滿有節。 疏證：《廣雅・釋詁》云：「日，實也。」（第 559 頁中欄）	天	按：考《廣雅》「日，實也」，實爲《釋詁》文〔註149〕。淮南本誤。
28	訛文與脫文	嫁娶	原文：七，歲之陽也。八，歲之陰也。七八十五，陰陽之數備，有相偶之志。故《禮記》曰：「女子十五許嫁，筓而字。」禮之稱字，陰繫於陽，所以專一之節也。陽尊，無所繫。 疏證：《儀禮・昏禮》「主人入，親說婦之纓」，注……（第563 頁下欄）	脫婦纓	按：考《儀禮・士昏禮》云：「主人入，親說婦之纓。」〔註150〕「說」，通「脫」，當從原文。又，「之」，淮南本脫。
29	衍文	嫁娶	原文：《禮》曰：「女子十五許嫁，納采，問名，納吉，請期，親迎，以雁爲贄。」納徵用玄纁，不用雁也。 疏證：《昏禮經》曰……又云：「納徵玄纁束帛儷皮，如納吉禮。」是納徵不用雁也。（第564 頁上欄）	納徵用玄纁	按：考《儀禮・士昏禮》作「納徵玄纁」〔註151〕。淮南本衍「用」字，蓋涉《白虎通》原文「納徵用玄纁」而衍文。
30	訛文	嫁娶	原文：遣女於禰廟者，重先人之遺體，不敢自專，故告禰也。 疏證：《公羊》隱二年注：「於廟者，告本也。」（第564 頁下欄）	何	按：考《公羊傳・隱公二年》何休注云：「禮所以必親迎者，所以示男先女也。於廟者，告本也。夏后氏逆於庭，殷人逆於堂，周人逆於戶。」〔註152〕「者」，淮南本作「何」，誤，中華本襲誤，且讀爲了疑問句。
31	脫文	喪服	原文：天子諸侯絕朞者何？示同愛百姓，明不獨親其親也。故《禮・中庸》曰：「期之喪達乎大夫，三年達乎天子。」卿大夫降總，重公正也。	二王	按：考《公羊傳・莊公四年》何休注作「二王後」〔註153〕。淮南本脫「後」。

〔註149〕王念孫《廣雅疏證》卷四下，《叢書集成初編》第 1163 冊，頁 476。
〔註150〕賈公彥《儀禮注疏》卷五，阮元校刻《十三經注疏》本，頁 967 中欄。
〔註151〕賈公彥《儀禮注疏》卷二，阮元校刻《十三經注疏》本，頁 962 下欄。
〔註152〕徐彥《春秋公羊傳注疏》卷二，阮元校刻《十三經注疏》本，頁 2203 上欄。
〔註153〕徐彥《春秋公羊傳注疏》卷六，阮元校刻《十三經注疏》本，頁 2226 上欄。

		疏證：莊四年「紀伯姬卒」，《公羊》注：「禮，天子諸侯絕期，大夫絕緦，天子唯女之適二王後者，諸侯唯女之為諸侯夫人者，恩得申，故卒之。」（第571上欄）		
32	脫文	喪服	原文：三年之喪不以閏月數何？以言其期也。期者，復其時也。大功已下月數，故以閏月除。《禮・士虞經》曰：「期而小祥。」「又朞而大祥。」 疏證：文六年《穀梁傳》：「閏月者，附月之餘日也。積分而成於月者也。天子不以告朔，而喪事不數也。」（第571頁中欄）	穀梁傳……積分而成月也	按：考《穀梁傳・文公六年》實作「積分而成於月者也」〔註154〕。淮南本脫「於」字。又，《續編》本補「文六年」三字，使陳立引文的出處更明確。
33	錯亂	喪服	原文：腰經者，以代紳帶也。所以結之何？思慕腸若結也。必再結云何？明思慕無已。 疏證：又《雜記》「麻者不紳」，注：「麻謂經也。紳，大帶也。喪以要經代大帶也。」（第571頁下欄）	喪服小記	按：考《禮記・雜記下》實有「麻者不紳」之語，且鄭玄注與《續編》本合〔註155〕。淮南本張冠李戴，誤。
34	脫文	闕文	原文：《周官》，祭天后夫人不與者，以其婦人無外事。 疏證：《曲禮》疏引《異義》：「《公羊》說，祭天無尸。《左氏》說，祭天有尸。謹案：魯郊祀日，祝延帝尸。從《左氏》說。」（第579頁下欄）	魯郊	按：「祀日」，淮南本脫。考《禮記・曲禮》疏引《五經異義》有「祀日」〔註156〕。考《駁五經異義補遺》作「禮日」〔註157〕。「祀日」，義長。

〔註154〕楊士勛《春秋穀梁傳注疏》卷一〇，阮元校刻《十三經注疏》本，頁2406中欄。

〔註155〕孔穎達《禮記正義》卷四三，阮元校刻《十三經注疏》本，頁1565上、中欄。

〔註156〕孔穎達《禮記正義》卷三，阮元校刻《十三經注疏》本，頁1248下欄。

〔註157〕許慎撰，鄭玄駁，王復輯，武億校《駁五經異義補遺》，《叢書集成初編》第239冊，頁8。

35	訛文	闕文	原文：所以設屏何？屏所以自障也。示不極臣下之敬也。天子德大，故外屏。諸侯德小，所照見近，故內屏。 疏證：《釋宮》：「屏謂之樹。」（第584頁上欄）	杸	按：《爾雅·釋宮》「屏謂之樹」，郭璞注：「小牆當門中。」刑昺疏：「《郊特牲》云『旅樹』，鄭注：『旅，道也。屏謂之樹，樹所以蔽行道。』」〔註158〕淮南本誤。
36	訛文	闕文	原文：共工之子曰修，好遠遊，舟車所至，足跡所達，靡不窮覽，故祀以爲祖神。 疏證：《儀禮·聘禮》「又釋幣於行」，鄭注「行者之先，其古人之名未聞」者，彼謂古人教人行道路者，其人名字未聞，而非謂祖神之名字也。其實祖自有祖神，即共工之子，當亦配祀者，如社之句龍，稷之柱弃也。」（第584頁中欄）	與	按：考《儀禮·聘禮》賈疏云：「云『古人名未聞』者，謂古人教人行道路者，其人名字未聞。」〔註159〕陳立轉引賈公彥疏爲己用，作「而」屬下讀，爲轉折連詞。淮南本作「與」，誤，中華本襲誤，句讀亦誤。

　　諸如此類，淮南本的錯誤還有很多。筆者在校核異文時，一般把源於同一書的引文算作一例，《白虎通疏證》十二卷共有異文793例，若按錯誤原因一一分解計算的話，遠多於此。除通假字、異體字、正俗字、繁簡字的不同，「曰」、「云」的有無，以及語言表述字異而義同等情況，淮南本誤633例，《續編》本誤99例，二本同誤32例，淮南本的錯誤是《續編》本的六倍多。現就《白虎通疏證》兩版本每卷的錯誤情況列表以明之，如下：

淮南本與《續編》本誤例統計表：

	淮南本誤例	《續編》本誤例	二版本同誤例
卷一	23	2	1
卷二	11	1	0
卷三	33	2	1
卷四	54	15	5
卷五	21	11	1
卷六	58	23	10

〔註158〕邢昺《爾雅注疏》卷五，阮元校刻《十三經注疏》本，頁2597下欄。
〔註159〕賈公彥《儀禮注疏》卷一九，阮元校刻《十三經注疏》本，頁1047上欄。

卷七	46	10	2
卷八	59	12	4
卷九	67	2	0
卷十	74	8	4
卷十一	93	6	1
卷十二	94	7	3
合　計	633	99	32

四、《續編》本遺存的問題

王先謙刊刻《皇清經解續編》時，所收的《白虎通疏證》是據淮南書局本進行校補的，對淮南本的訛、脫、衍文、錯亂等作了比較全面地校改。《續編》本《白虎通疏證》雖然已稱得上比較好的本子，但依然遺存一些問題。

（一）襲淮南本之誤

《續編》本《白虎通疏證》在淮南本的基礎上進行校補，主要是從陳立徵引文獻的內容方面對淮南本加以完善，糾正了大量訛誤。但依然沿襲了淮南本的一些訛誤，爲行文便利，此節以《續編》本《白虎通疏證》標注頁碼。

1. 襲訛文

（1）襲形近字之誤

①卿—鄉

卷四《封公侯·論三公九卿》：王者所以立三公九卿何？曰：天雖至神，必因日月之光。地雖至靈，必有山川之化。聖人雖有萬人之德，必須俊賢。三公、九卿、二十七大夫、八十一元士，以順天成其道。

疏證：案鄭注《周禮》「**卿**老二**卿**則公一人」，云「王置六**卿**，則公有三人。三公者，內與王論道，中參六官之事，外與六**卿**之教」也。（第516頁中、下欄）

按：四「卿」字，淮南本同，皆誤。當爲「鄉」字。考《周禮·地官司徒》云：「鄉老，二鄉則公一人。鄉大夫，每鄉卿一人。州長，每州中大夫一人。黨正，每黨下大夫一人。族師，每族上士一人。閭胥，每閭中士一人。比長，五家下士一人。」鄭玄注云：「老，尊稱也。王置六鄉，則公有三人也。三公者，內與王論道，中參六官之事，

外與六鄉之教，其要爲民，是以屬之鄉焉。州、黨、族、閭、比，鄉之屬別。正、師、胥、皆長也。正之言政也。師之言帥也。胥有才知之稱。」〔註160〕「卿」、「鄉」，形體結構相似而誤。

②時—肘

卷七《聖人·論異表》：湯臂三肘，是謂柳翼，攘去不義，萬民咸息。

疏證：《路史》注引《演孔圖》云：「湯臂三肘，是謂柳翼。」《御覽》引《元命苞》云：「湯臂四肘，是謂神剛，象月推移，以綏四方。」《論衡》作「再**時**」，《符瑞志》亦作「四**時**」。（第546頁下欄）

按：「時」，淮南本同，皆誤。據文義，當爲「肘」，盧校本作「肘」〔註161〕。所引《論衡》與《符瑞志》云云，乃陳立抄襲盧文弨之校語，作「肘」，是。「時」、「肘」，形體結構相近而誤。

②當—尙

卷八《三教·論三教所法》：教所以三何？法天、地、人。內忠，外敬，文飾之，故三而備也。即法天、地、人各何施？忠法人，敬法地，文法天。人道主忠，人以至道教人，忠之至也，人以忠教，故忠爲人教也。地道謙卑，天之所生，地敬養之，以敬爲地教也。

疏證：盧云：「疑**當**有『天教』一段，文脫耳。」（第551頁中欄）

按：「當」，淮南本同，皆誤。盧校本作「尙」〔註162〕，是。此「尙」字，增加構字部件而成「當」字。「尙」、「當」，形近而訛。

（2）襲聲近字之誤

①吾—無

卷四《封公侯·論立太子》：君薨，適夫人無子，有育遺腹，必待其產立之何？專適重正也。

疏證：《左傳·哀三年》云：「季孫有疾，命正常曰：『**吾**死，南孺子之子，男也，則告而立之。女也，則肥也可。』」（第519頁上欄）

按：「吾」，淮南本同，皆誤。《左傳·哀公三年》：「秋，季孫有疾，命正常曰：『無死……』」杜預注：「正常，桓子之寵臣，欲付以後事，故

〔註160〕賈公彥《周禮注疏》卷九，阮元校刻《十三經注疏》本，頁697中欄。
〔註161〕班固等撰《白虎通》卷三上，《叢書集成初編》第238冊，頁179。
〔註162〕班固等撰《白虎通》卷三下，《叢書集成初編》第239冊，頁201。

勅令勿從己死。」〔註163〕「無死」爲勅令正常「勿從己死」之意，而非指桓子本人。「無」、「吾」二字音近而訛。

②犁—梨

卷八《瑞贄·論五瑞制度》：珪以爲信何？珪者，兑上，象物始生見於上也。信莫著於作見，故以珪爲信，而見萬物之始莫不自潔。珪之爲言圭也。上兑，陽也。下方，陰也。陽尊，故其理順備也。位在東，陽見義於上也。

疏證：《御覽》作「爲圭之制，上小下大，狀如**犁**鋒」，至冒乃似犁冠，《御覽》「梨」字，誤矣。（第548頁中欄）

按：「犁鋒」之「犁」，淮南本同。據下「《御覽》『梨』字，誤矣」，知此所引《御覽》當作「梨」字。考《太平御覽·珍寶部·圭》云：「《白虎通》曰：『諸侯薨，使臣歸圭於天子，推讓之義也。』又曰：『東方爲圭之制，上小下大，狀如梨鋒。』」〔註164〕知此據《御覽》原文引，故下有斷言「梨」字誤。此爲陳立抄襲盧文弨語，盧文弨校云：「《御覽》作『爲圭之制，上小下大，狀如梨鋒』案《說文》云『諸侯朝天子執圭，天子執玉以冒之，似犁冠。』『梨』字似誤。」〔註165〕但因陳立節引，似「至冒乃似犁冠」節盧文弨所引《說文》之語，致使語言混亂，讓人費解。又，「梨」、「犁」，字體結構相近，聲音相同而致誤。

2. 襲脫文

（1）性

卷一一《崩薨·論天子至庶人皆言喪》：喪者，何謂也？喪者，亡也。人死謂之喪何？言其喪亡，不可復得見也。

疏證：《淮南·本經訓》「**人之心**有憂喪則悲」，注：「喪，亡也。」（第575頁中欄）

按：「之」字下，脫「性」字，且「性」下當句讀。考《淮南鴻烈解·本經訓》云：「人之性，心有憂喪則悲，悲則哀……」〔註166〕淮南本、《續編》本，皆脫文。

〔註163〕孔穎達《春秋左傳正義》卷五七，阮元校刻《十三經注疏》本，頁2158上欄。

〔註164〕李昉等撰《太平御覽》卷八〇六，頁3581上欄。

〔註165〕班固等撰《白虎通》卷三上，《叢書集成初編》第238冊，頁185。

〔註166〕劉安撰《淮南鴻烈解》卷八，《叢書集成初編》第586冊，頁263。

（2）禮理起於太一

卷二《號‧論三皇五帝三王五伯》：古之時，未有三綱六紀，民人但知其母，不知其父。能覆前而不能覆後。

疏證：《禮‧疏》引皇侃云：「**禮有三起**，禮事起於遂皇，禮名起於黃帝。」（第505頁上欄）

按：「禮有三起」之「起」下，脫「禮理起於太一」六字。考《禮記》孔疏引皇氏云：「禮有三起：禮理起於太〔註167〕一，禮事起於遂皇，禮名起於黃帝。」〔註168〕此言「禮有三起」，而僅云「禮事」和「禮名」，語義未備，當補入「禮理」。淮南本、《續編》本，皆脫文。

3. 襲衍文

卷四《五行‧論五行更王相生相勝變化之義》：五行所以更王何？以其轉相生，故有終始也。木生火，火生土，土生金，金生水，水生木。

疏證：《五行大義》引《白虎通》云：「木生火者，木性溫煖，伏其中鑽灼而出，故生火。火生土者，火熱，故能焚木，木焚**而而**成灰，灰即土也，故火生土⋯⋯」（第524頁下欄）

按：「而」，淮南本亦重「而」字，據文義，此字衍，當作「木焚而成灰」，是。

4. 襲倒文

（1）德隆—隆德

卷二《號‧論皇帝王之號》：《鉤命決》曰：「三皇步，五帝趨。三王馳，五伯騖」。

疏證：《古微書‧鉤命決》又云：「三皇步，五帝驟，三王馳，五伯蹶，七雄僵。」宋均注云：「**道德隆備**⋯⋯時事彌順，日月爲之驟，勤思不已，日月乃馳。」（第504頁中欄）

按：「道德隆備」之「德隆」二字，淮南本同，皆倒文，當爲「隆德」。考《古微書‧孝經鉤命決》作「道隆德備」〔註169〕。「道隆」、「德

〔註167〕阮元校：「按作『大』是。」（見阮元《十三經注疏校勘記》，阮元校刻《十三經注疏》本，頁1235上欄。）

〔註168〕孔穎達《禮記正義》卷一，阮元校刻《十三經注疏》本，頁1229上欄。

〔註169〕孫瑴編《古微書》卷三〇，《叢書集成初編》第693冊，頁575。

備」，這種構詞方式符合主謂式合成詞的構造，因其義近組合成四字詞語。

（2）厤律－律厤

卷四《五行·論十二律》：二月律謂之夾鐘何？夾者，孚甲也。言萬物孚甲，種類分也。

疏證：《續漢·**厤律**志》云：「夾鐘，律七寸四分小分九微強。」（第 524 頁上欄）

按：「厤律」，淮南本同，皆倒。當作「律厤」二字，指樂律與曆法。司馬遷《史記》作《律書》、《厤書》，班固《後漢書》始作「《律厤志》」，《後漢書》、《晉書》等皆沿襲之。

（二）誤又改誤

此小節主要討論淮南本《白虎通疏證》已誤，《續編》本不是沿襲其誤，而是誤改或誤識，淮南本誤，《續編》本又誤。舉例分析如下：

1. 訛文

（1）牟、年－命

卷八《壽命·論三命之義》：命者，何謂也？人之壽也。天命已使生者也。

疏證：《御覽》引《元命苞》云：「**年**者，天之（命／令）也。」（第 554 頁中欄）

按：「年」，淮南本作「牟」，皆誤，當爲「命」。考《太平御覽·人事部·敘人》引《春秋元命苞》云：「命者，天之令也，所受於帝。行正不過得壽命，壽命，正命也，起九九八十一。有隨命……有遭命。」〔註170〕

（2）王部、玉部－三部

卷四《封公侯·論三公九卿》：一公置三卿，故九卿也。天道莫不成於三：天有三光，日、月、星；地有三形，高、下、平；人有三等，君、父、師。故一公三卿佐之，一卿三大夫佐之，一大夫三元士佐之。天有三光，然後而能遍照。各自有三法，物成於三，有始，有中，有終，明天道而終之也。

疏證：案《說文·**玉部**》云：「三，天地人之道也。」（第 516 頁下欄）

〔註170〕李昉等撰《太平御覽》卷三六〇，頁 1656 下欄。

按：「玉部」，淮南本作「王部」，皆誤，當爲「三部」。考《說文解字‧
三部》「三」字下云：「數名，天地人之道也。於文一耦二爲三，成
數也。凡三之屬皆从三。」〔註171〕

2‧脫文

《續編》本在校正淮南本脫文時，或限於每行字數與淮南本對等的緣故，
所補脫文不全，或有意省略，但與原文獻內容對讀，從語境角度考慮，亦屬
於脫文。

（1）稱字者賢、稱字賢之－稱字者賢之

卷七《王者不臣‧論五不名》：盛德之士不名，尊賢也。《春秋》曰：「公
弟叔肸。」不名盛德之士者，不可屈以爵祿也。

疏證：《公羊》注云：「盛德之士不名」，叔肸是也。所引《春秋》者，宣
十七年文。何注「**稱字，賢之**。宣簒立，叔肸不仕其朝，不食其
祿，終身於貧賤……」（第544頁下欄）

按：「稱字賢之」，淮南本作「稱字者賢」。考《公羊傳‧宣公十七年》何
休注作「稱字者，賢之」〔註172〕，《續編》本、淮南本皆脫文。《續
編》本校訂者認爲「之」作爲代詞，不可省略，蓋顧及文本字數對
等的需要，刪「者」字。「者」字，在「……者，……」句式中，表
示「……的人，……」，亦具有重要的語用價值。「稱字者，賢之」
的意思是「稱呼『字』的人，認爲他們賢能」。綜述，《續編》本脫
「者」字，淮南本脫「之」字。《續編》本在改造淮南本脫文時又使
文本脫文。

還有一類特殊的情況，《續編》本在校正淮南本時，本應補所脫文字，卻
誤刪字，致使淮南本本就脫字而繼續脫更多的字。有時，爲了湊足該行字數，
《續編》本還會因所據版本不同所造成的異文而進行刪改，其實是可刪可不
刪的情況，蓋爲湊足該字數的緣故。筆者僅發現一處這兩種情況交織一起的
案例。

（2）西階、西階上－西階之上

卷一一《崩薨‧論三代殯禮》：夏后氏殯於阼階，殷人殯於兩楹之間，

〔註171〕段玉裁《說文解字注》一篇上，頁9上欄。
〔註172〕徐彥《春秋公羊傳注疏》卷一六，阮元校刻《十三經注疏》本，頁2288上欄。

周人殯於西階之上何？夏后氏教以忠，忠者，厚也。曰生吾親也，死亦吾親也。主人宜在阼階。殷人教以敬，曰死者將去，又不敢客也。故置之兩楹之間，賓主共夾而敬之。周人教以文，曰死者將去，不可又得。故賓客之也。《檀弓》記曰：「夏后氏殯於阼階，殷人殯於兩楹之間，周人殯於西階。」

> 疏證：《公羊·莊公四年》注云：「夏后氏殯於阼階之上，若存。殷人殯於兩楹之間，賓主夾之。周人殯於<u>西階</u>，賓之也。」《說文·歺部》「殯」下云「从歺、<u>賓</u>」，亦取賓之意也。（第 577 頁中欄）

> 按：「周人殯於西階」，淮南本作「周人殯於西階上」，有「上」字。考《公羊傳·莊公四年》何休注，此句作「周人殯於西階之上」〔註173〕。淮南本脫「之」字，《續編》本脫「之上」二字。《續編》本之所以在淮南本基礎上校改作「西階」，竊以爲是受《白虎通》原文所引《檀弓》「周人殯於西階」之影響，而忽略了《公羊傳》何休注文，「夏后氏殯於阼階之上」之「阼階之上」、「殷人殯於兩楹之間」之「兩楹之間」、「周人殯於西階之上」之「西階之上」，這三句的行文格式是相似的，意在說明三代殯的位置不同。又，《說文·歺部》之「从歺賓」之「賓」上，淮南本有「從」字，是，與《說文解字·歺部》「殯」下云「从歺，从賓，賓亦声」同〔註174〕，而段玉裁注《說文·歺部》時則作「从歺、賓，賓亦聲」〔註175〕，蓋《續編》本據《說文解字注》刪。綜述，《續編》本脫「之上」二字，淮南本脫「之」字。至於《說文解字》之「從」字，因版本不同，亦屬於可刪可不刪之類，從文本上看，蓋爲使雙行小字排版整齊，《續編》本刪「從」字。

（三）新增之誤

《續編》本校補了淮南本的大量訛誤，但有時《續編》本誤識，又新添了一些訛誤，即淮南本不誤，《續編》本誤的情況。雖然文獻案例很少，但文本錯誤還是存在一些的，包括訛文、衍文、脫文等情況。舉例分析如下：

〔註173〕徐彥《春秋公羊傳注疏》卷六，阮元校刻《十三經注疏》本，頁 2227 上欄。
〔註174〕許慎《說文解字》卷四下，頁 85 下欄。
〔註175〕段玉裁《說文解字注》四篇下，頁 163 上欄。

1. 版刻錯誤

（1）訛文

①形近而訛

A. 囚—因

卷五《鄉射·總論射義》：勝負俱降，以崇禮讓，故可以選士。

疏證：《文選·東京賦》云「囚進距衰，表賢簡能」，薛注：「進，善也。衰，老也。言因其進則舉而用之，衰減者距而退之……」（第 533 頁中欄）

按：「囚」，淮南本作「因」，是。考《文選》所收張衡《東京賦》云：「左制辟雍，右立靈臺，因進距衰，表賢簡能。」〔註176〕「囚」、「因」，僅一筆之差，形體結構相近而致誤。

B. 政—致

卷六《致仕·總論致仕義》：卿大夫老，有盛德者留，賜之几杖，不備之以筋力之禮。

疏證：《曲禮》……疏引熊氏《禮》疏云：「既不聽政事，則《祭義》『七十杖於朝』，是也……」（第 534 頁中欄）

按：「政」，淮南本作「致」，是。考《禮記·曲禮上》孔穎達疏引熊氏語作「致」〔註177〕，《續編》本誤。「政」、「致」，形體結構形近而訛。

C. 之—人

卷一一《崩薨·論天子舟車殯》：臣子更執紼，晝夜常千二百人。紼者，所以牽持棺者也。

疏證：《周禮·遂人》云「大喪，帥六遂之役而致人」，「及葬，帥而屬六綍」，注「綍，舉棺索也」，「用綍旁六執之者，天子其千人與」？綍與紼通。（第 577 頁中欄）

按：「人」，淮南本作「之」，是。考《周禮·遂人》云：「大喪，帥六遂之役而致之，掌其政令。及葬，帥而屬六綍。及窆，陳役。」鄭玄注：「致役，致於司徒，給墓上事及窆也。綍，舉棺索也。葬舉棺者，

〔註176〕蕭統選編，呂延濟等注《文選》卷三，頁 69 下。
〔註177〕孔穎達《禮記正義》卷一，阮元校刻《十三經注疏》本，頁 1232 下欄。

謂載與說時也，用紼旁六執之者，天子其千人與？」〔註178〕陳立節引此文，旨在說明「紼，舉棺索也」，「紼與綍通」，以證《白虎通》原文之「紼者，所以牽持棺者也」。「之」字，蓋脫落上部筆劃，《續編》本誤識為「人」字矣。

②音近而訛

A. 靖—靜

卷四《五行·論十二律》：五月謂之蕤賓何？蕤者，下也。賓者，敬也。言陽氣上極，陰氣始起，故賓敬之也。

疏證：《國語·周語》「四曰蕤賓。所以安靖神人……」，注：「蕤，委蕤，柔兒也。言陰氣為主，委蕤於下，陽氣盛長於上，有似於賓主，故可用之宗廟賓客，以安<u>靖</u>神人，行酬酢也。」（第 524 頁中欄）

按：「靖」，淮南本作「靜」，是。考《國語·周語下》韋昭注作「靜」〔註179〕，《續編》本誤。此字蓋涉正文「所以安靖神人」而誤，又，「靖」、「靜」，亦音近。

B. 酒—友

卷五《鄉射·論鄉飲酒》：所以十月行鄉飲酒之禮何？所以復尊卑長幼之義。春夏事急，浚井次牆，至有子使父，兄弟使兄，故以事閒暇，復長幼之序也。

疏證：《月令》孟冬之月云「是月也，大飲烝」，注：「十月農功畢，天子與其諸侯羣臣飲酒於太學，以正齒位，謂之大飲……」《詩·七月》云：「十月滌場，朋<u>友</u>斯饗。曰殺羔羊，躋彼公堂，稱彼兕觥。」亦即此禮也。（第 533 頁中欄）

按：「友」，淮南本作「酒」，是。《詩·七月》文，乃陳立從《禮記·月令》鄭玄注中抽換之語，《禮記·月令》鄭玄注引《詩》云云，陳立抽出此句明出自《七月》獨立成文以便疏證。《毛詩·豳風·七月》作「酒」〔註180〕，《禮記·月令》鄭玄注亦引作「酒」〔註181〕，《續編》本誤。

〔註178〕賈公彥《周禮注疏》卷一五，阮元校刻《十三經注疏》本，頁741中欄。
〔註179〕上海師範大學古籍整理組校點《國語》卷三，頁134。
〔註180〕孔穎達《毛詩正義》卷八，阮元校刻《十三經注疏》本，頁392上欄。
〔註181〕孔穎達《禮記正義》卷一七，阮元校刻《十三經注疏》本，頁1382上欄。

C. 行—星

卷六《封禪・論符瑞之應》：德至文表，則景星見，五緯順軌。

疏證：《漢書・天文志》：「<u>五行</u>不失行，則<u>五穀</u>豐昌。」（第 538 頁下欄）

按：「五行」，淮南本作「五星」，是。考《漢書・天文志》云：「五星不失行，則年穀豐昌。」〔註182〕陳立下文云「五星」云云，亦與《漢書・天文志》同。「行」、「星」，音近而訛。又，「則五穀豐昌」之「五」字，當爲「年」。《續編》本、淮南本皆誤，「五穀」爲習慣用語而訛，此爲《續編》本、淮南本同誤之例。

③因涉上文漢字而致誤

還有一類訛文，既不屬於形近而訛，也不屬於音近而訛。蓋因涉上文漢字而致誤的情況。

A. 木—去

卷五《諫諍・論子諫父》：臣之諫君何法？法金正木也。子之諫父，法火以揉木也。臣諫君以義，故折正之也。子諫父以恩，故但揉之也，木無毀傷也。待放<u>木</u>，取法於水火，無金則相離也。（第 531 下欄）

按：「木」，淮南本作「去」，是。盧校本作「木」〔註183〕，後盧文弨《〈白虎通〉校勘補遺》云：「影鈔小字本、元本『木』字俱作『去』，當從之。」〔註184〕且上文陳立疏解時抄襲盧校云：「『待放去』，『去』舊作『木』，依影鈔小字本、元本改。」〔註185〕「木」，當爲「去」，《續編》本蓋涉上文「木無毀傷也」之「木」字而誤。

B. 而—不

卷七《王者不臣・論五不名》：王者臣有不名者五。先王老臣不名，親與先王戮力共治國功於天下，故尊而不名。《尚書》曰「咨爾伯」，不言名也。

疏證：禮，七十雖庶人，王孝而禮之，知老臣<u>而</u>得名矣。（第 544 頁下欄）

按：「而」，淮南本作「不」，是。據文義，此當用否定詞「不」，《續編》本誤。陳立上文引《新序・臣術》、《公羊傳・桓公四年》何休注及

〔註182〕班固撰，顏師古注《漢書》卷二六，頁 1287。
〔註183〕班固等撰《白虎通》卷二下，《叢書集成初編》第 238 冊，頁 117。
〔註184〕盧文弨《〈白虎通〉校勘補遺》，《叢書集成初編》第 239 冊，頁 11。
〔註185〕陳立《白虎通疏證》卷五，《皇清經解續編》第 5 冊，頁 531 下欄。

《禮記‧曲禮》等，觀點始終一致，以證《白虎通》原文「不名臣」之義，作判斷時，應保持一致。蓋《續編》本因涉上句「王孝而禮之」之「而」字以致誤。

（2）倒文

①西面－面西

　　卷五《三軍‧論遣將於廟》：天子遣將軍必於廟何？示不敢自專也。獨於祖廟何？制法度者，祖也。《王制》曰：「受命於祖，受成於學。」言於祖廟命遣之義也。

　　疏證：《淮南子‧兵略訓》：「將軍受命，乃令祝史太卜，齋宿三日，之太廟，鑽靈龜，卜吉日，以受鼓旗。君入廟門，<u>面西</u>而立。將入廟門，趨至堂下，北面而立。」（第527頁下欄～第528頁上欄）

　　按：「面西」，淮南本作「西面」，是。考《淮南子‧兵略訓》云：「將軍受命，乃令祝史太卜齋宿三日，之太廟，鑽靈龜，卜吉日，以受鼓旗。君入廟門，西面而立。將入廟門，趨至堂下，北面而立。」〔註186〕「西面而立」與「北面而立」句式相仿，《續編》本誤倒。

②讎仇－仇讎

　　卷八《三綱六紀‧論六紀之義》：朋友之道，親存，不得行者二：不得許友以其身；不得專通財之恩。友飢，則白之於父兄，父兄許之，乃稱父兄與之，不聽則止。故曰：友飢為之減餐，友寒為之不重裘。故《論語》曰「有父兄在，如之何其聞斯行之」也。

　　疏證：《曲禮上》云：「父母存，不許友以死。」註：「為忘親也。死，為報讎仇也。」（第552頁中欄）

　　按：「讎仇」，淮南本作「仇讎」，是。考《禮記‧曲禮上》鄭玄注作「仇讎」〔註187〕。「讐」、「讎」，異體字。《續編》本倒文。

（3）脫文

　　卷五《諫諍‧論子諫父》：卷臣之諫君何法？法金正木也。子之諫父，法火以揉木也。臣諫君以義，故折正之也。子諫父以恩，故但揉之也，木無毀

〔註186〕劉安撰《淮南鴻烈解》卷一五，《叢書集成初編》第588冊，頁596。
〔註187〕孔穎達《禮記正義》卷一，阮元校刻《十三經注疏》本，頁1234上欄。

傷也。待放（木／去），取法於水火，無金則相離也。

疏證：見《五行》篇。「<u>待去</u>」以下，疑有衍脫。（第 531 下欄）

按：「待去」，淮南本作「待放去」，是。正文所言「待放木」，「木」，當
為「去」，上文已論。《續編》本脫「放」字。

2. 刪補失當

（1）刪字致脫文

《續編》本在補淮南本脫文時，往往要在補字的行或者附近的行刪除無
關緊要的字，以湊足字數，達到在文本排列上的吻合。有時候，《續編》本刪
去的一個字或幾個字，從上下文角度看，會造成語義未備，影響文義的理解。
例如：

①是以亡也

卷八《三綱六紀・論六紀之義》：朋友者，何謂也？朋者，黨也。友者，
有也。《禮記》曰：「同門曰朋，同志曰友。」

疏證：昭六年《左傳》：「宋向戌謂華亥曰：『女喪而宗室，於人何有？人
亦於汝何有？』」注：「言人不能愛汝也。」二十年傳「是不有寡
君也」，注：「有，相親友也。」宣十五年《<u>公羊傳</u>》：「中國不救，
<u>狄人不有</u>。」《詩・<u>王風</u>・葛藟》：「亦莫我有。」皆謂相親友也。
（第 552 頁中欄）

按：「狄人不有」下，淮南本有「是以亡也」四字。考宣公十五年《春秋》
「六月，癸卯，晉師滅赤狄潞氏，以潞子嬰兒歸」，《公羊傳》：「潞
何以稱子？潞子之為善也，躬足以亡爾，雖然，君子不可不記也。
離於夷狄，而未能合於中國。晉師伐之，中國不救，狄人不有，是
以亡也。」〔註188〕陳立引此句是為了說明「有」為「親友」之義，
而「是以亡也」則表示赤狄潞氏，在中原國家不去相救，狄人不相
親友之，所造成的後果。「是以亡也」四字更能確切地表達「相親友」
之意。又，上文「公羊」二字，淮南本脫，因上文皆引自《左傳》，
此處不可從上文省略，《續編》本所補，良是。又，「詩王風葛藟」
之「王風」二字，淮南本無，《葛藟》即是《王風》之文，自不待言，
《續編》本補此「二字」，完全是為了湊足該行的字數。此例所述，

〔註188〕徐彥《春秋公羊傳注疏》卷一六，阮元校刻《十三經注疏》本，頁 2286 中欄。

《續編》本爲了補「公羊」二字，以明出處，良是，而刪去「是以亡也」四字，又爲塡補二字的空位，又補無關緊要之「王風」二字。「是以亡也」，從文義完備角度考慮，不當刪。

②於己

卷八《三綱六紀・論六紀之義》：朋友之交，近則諤其言，遠則不相訕，一人有善，其心好之。一人有惡，其心痛之，貨則通而不計，共憂患而相救，生不屬，死不託。故《論語》曰：「子路云：『願車馬衣輕裘與朋友共敝之。』」又曰：「朋友無所歸，生於我乎館，死於我乎殯。」

疏證：《通典》引《鄭志》：「劉注問：『若此者，當迎彼還己館，皆當停柩於何所？』答曰：『朋友無所歸，故呼而殯之，不謂己殯迎之也。館而殯之者，殯之而已，不於西階也。』」（第552頁中欄）

按：「館而殯之者」之「館」上，淮南本有「於己」二字。考《通典・禮・凶・朋友相爲服議》有「於己」〔註189〕，《續編》本唯脫此二字，皆與《通典》合。二「當」字，淮南本脫，《續編》本爲補此二字而刪「於己」二字。從上下文考慮，「於己」二字的分量更比二「當」字重，更能說明《白虎通》原文所引《論語》「朋友無所歸，生於我乎館，死於我乎殯」之義。「於己」二字不當刪。

③國

卷八《壽命・論三命之義》：壽命者，上命也。若言文王受命唯中身，享國五十年。

疏證：《呂氏春秋・制樂》篇：「文王立國八年，歲六月地動，改行重善，無幾何，疾乃止。文王即位八年而地動，已動之後四十三年，凡文王立五十一年而終。」（第554頁中欄）

按：「立」下，淮南本有「國」字，是，與《呂氏春秋・季夏紀・制樂》合〔註190〕，《續編》本脫文。此脫文是由「爲補字而刪字」造成的，「已動之後四十三年」，淮南本脫「年」字，《續編》本所補，是。《續

〔註189〕杜佑撰，王文錦、王永興、劉俊文、徐庭雲、謝方點校《通典》卷一〇一，頁2671-2672。

〔註190〕呂不韋撰，高誘注《呂氏春秋》卷六，《四部叢刊初編》第72冊，頁8，A面。

編》本爲補此字而誤刪「國」字，「文王立」，與「文王立國」，所蘊含的意義是不同的，「國」字，不當刪。

④以難康成

卷一〇《嫁娶·論嫁娶之期》：男三十筋骨堅強，任爲人父，女二十肌膚充盈，任爲人母，合爲五十，應大衍之數，生萬物也。故《禮·內則》曰：「男三十壯有室，女二十壯而嫁。」

疏證：則兩漢經師皆以三十、二十爲嫁娶正年。**《家語》乃王肅私造**，不
　　　足據也。（第 563 頁下欄）

按：「私造」下，淮南本有「以難康成」四字。此四字意在說明王肅作
　　　《孔子家語》的目的是爲了發難鄭玄（字康成）的《禮》說。陳
　　　立上文已明「男三十而娶，女二十而嫁」，而上文陳立引王肅《孔
　　　子家語》云「魯哀公問於孔子曰：『……聞禮，男三十而有室，女
　　　二十而有夫，豈不晚哉？』孔子曰：『夫禮言其極，亦不是過。男
　　　子二十而冠，有爲人父之（道／端），女子十五而許嫁，有適人之
　　　道，於此以往，則自昏矣。』」〔註 191〕陳立引王肅之語作反證，
　　　顯然，不同意其說，故下結論於文末，即「《家語》乃王肅私造，
　　　以難康成，不足據也」，故「以難康成」四字不可刪。此段疏證之
　　　文，淮南本訛誤頗多，《續編》本一一補正其失，「以難康成」四
　　　字，《續編》本誤刪。

以上所舉例都是《續編》本爲了補字而誤刪字所造成的脫文，還有一類情況是純粹誤識，臆斷淮南本衍文，在錯誤判斷的情況下誤刪該字，而爲了補所刪字的空位而又增補無關緊要的字。例如：

⑤之

卷一二《闕文·雜錄》：門必有闕者，闕者，所以飾門，別尊卑也。

疏證：故《西京賦》云「**雙碣相望**」。漢制近古，太室、少室、石闕猶可
　　　攷見闕制也。（第 584 上欄）

按：「雙碣」下，淮南本有「之」字，是。考《文選》之張衡《西京賦》
　　　云：「圓闕竦以造天，若雙碣之相望。」〔註 192〕又，「《西京賦》云」

────────────

〔註 191〕陳立《白虎通疏證》卷一〇，《皇清經解續編》第 5 冊，頁 563 下欄。
〔註 192〕蕭統選編，呂延濟等注《文選》卷二，頁 42 上。

之「云」字，淮南本無。《續編》本誤刪了「之」字，而補「云」字。「之」，不應刪。

（2）補字致衍文

在校正淮南本衍文的情況時，《續編》本做得比較好，基本沒有「爲了刪字而補字」又造成衍文的情況。在文本中，有一處《續編》本誤識的例子，臆斷淮南本爲脫文，而增補所闕字，又相應地刪去了無關緊要的字。其所增補的字，恰恰是衍文。例如：

①臺

卷一〇《嫁娶・論昏禮不賀》：《禮》曰：「嫁女之家，三日不絕火，思相離也。娶婦之家，三日不舉樂，思嗣親也。」感親年衰老，代至也。《禮》曰：「昏禮不賀，人之序也。」

疏證：《通典・禮》十九：「晉升平元年，八月，**臺符問**：『迎皇后大駕應作樂不？』博士胡納議……」（第 564 頁下欄）

按：「臺」，淮南本無此字，是。考《通典・禮・嘉・婚不舉樂議》作「符問」。「通典」上，淮南本有「故」字，《續編》本刪，而補「臺」字，明所問者姓氏，以與下文「胡納」相對成文。而《通典》原文卻無此字，爲補「臺」字而刪「故」字，實不必然。

五、小結

近年來，隨著我國經濟的繁榮與人民生活水平的提高，人的精神追求有返璞歸眞之勢，傳統文化熱與國學熱興起，古籍整理也迎來了前所未有的好年景。對典籍，古籍整理部門往往搜羅整齊，分門別類地呈現給讀者，如「二十四史」、「《清史稿》點校」、「叢書集成」、「諸子集成」以及「中華再造善本」等等。據統計，從事古籍整理的出版社現有二十二家，其中影響比較大的有中華書局、上海古籍、國家圖書館出版社等，其出版圖書大都精益求精、選擇善本，爲中國傳統文化的傳播作出了不可磨滅的貢獻。但就《白虎通疏證》而言，卻沒有達到應有水平。

1995 年，《續修四庫全書》編纂出版，這是繼《四庫全書》之後的又一功在千秋的巨大文化工程，其《子部・雜家類》收錄陳立的《白虎通疏證》十二卷，選擇錯誤較多的淮南本作影印底本，違背了其所選版本「皆爲善本」之宗旨。

　　《續修四庫全書》直接影印善本，優於《四庫全書》的雇人繕寫（乾隆時代，尚無影印術）。編撰《續修四庫全書》，工夫全在鑒定是否真善本，《白虎通疏證》選的不是善本，既耗費財力又誤導讀者，與《四庫全書》的手寫訛誤比較，實過之而無不及，可不慎歟？

第四節　中華書局整理點校本存在的問題

　　1982 年，中華書局重編輯出版一套《新編諸子集成》，「收入先秦到唐五代的子書，著重選收與哲學、思想史的研究關係較密切的。個別不屬於子部的書如班固的《白虎通義》，因與哲學、思想史的關係較密切，也擬選入（用清陳立《疏證》）」〔註 193〕。1994 年，以光緒元年淮南書局刊本作爲底本的點校整理本《白虎通疏證》問世，由「吳則虞先生負責初步校點，沈嘯寰先生負責訂正標點并補校，最後由中華書局編輯部修訂定稿，並寫校記」〔註 194〕。可見，該《白虎通疏證》點校本凝聚了諸多學者的智慧，糾正了原淮南本的不少訛誤，爲讀者使用該書提供了很多便利。

　　但是，該點校本依然存在很多方面的問題。《出版說明》云：「這次點校是以光緒元年淮南書局刊本爲底本，正文和疏證文字分別參校了有關版本和資料。」淮南本，非善本，所謂「參校了有關版本與資料」，此語甚爲不明，從其所出校語來看，往往稱「據各本改」，「各本」不知謂何？筆者自始至終也找不到關於校本的說明。其實，中華本沿襲淮南本之誤甚多，又常常擅改底本而未出校，或所出校記亦有疏漏，並且斷句方面錯誤亦很多，下面從所選底本及點校整理兩大方面分別論說。

一、文本方面

（一）底本非善本

　　中華書局點校整理本《白虎通疏證》所選用的底本——清光緒元年淮南書局刊本（簡稱「淮南本」），並非善本。本章第三節已經用較大的篇幅詳細論說了淮南本存在的訛誤情況，茲不贅述。

〔註193〕見《新編諸子集成出版緣起》，附於中華書局《白虎通疏證》，頁 1。
〔註194〕見《出版說明》，附於中華書局《白虎通疏證》頁 4。

（二）襲底本之誤

中華本《白虎通疏證》以淮南本爲底本進行點校，沿襲了淮南本的大量訛誤。爲了行文便利及方便讀者核查，現據 1994 年中華書局出版的《白虎通疏證》所標注的頁碼爲序，舉例論說如下：

1. 襲訛文

淮南本存在大量訛文的情況，其中，形近而訛和聲近而訛的比例佔了很大多數，中華本沿襲了淮南本很多錯誤。

（1）襲形近字之誤

①主－王；古－吉

卷一《爵・論天子即位改元》：吉冕服受銅，稱王以接諸侯。明已繼體爲君也。

疏證：《禮》疏引熊安生說云：「天下不可一日無**主**……今謂予一人者，以麻冕黼裳即位，受顧命，從**古**暫稱予一人。」是「稱王以接諸侯」之義也。（第 37 頁）

按：「主」，淮南本、《續編》本同，誤。「古」，淮南本同，誤。《續編》本作「吉」，是。考《禮記・曲禮下》疏引熊氏云：「天下不可一日無王故也。今謂予一人者，以麻冕黼裳即位，受顧命，從吉，故暫稱一人也。」〔註195〕「從吉」，阮元校：「閩、監本同，毛本『吉』誤『古』，《考文》引宋板作『吉』。」〔註196〕陳立稿本作「古」，蓋陳立據毛本而誤也。

②損－塡

卷三《禮樂・五聲八音》：壎在十一月，壎之爲言薰也。陽氣於黃泉之下熏蒸而萌。

疏證：《釋名・釋音樂》云：「塡，喧也。聲濁，喧喧然也。」壎即塡，「**損**」、「喧」雙聲，「塡」、「熏」疊韻。（第 122 頁）

按：「損」，淮南本同，誤。《續編》本作「塡」，是。《釋名・釋樂器》所釋字爲「塡」，陳立云「壎即塡」，即解釋了《白虎通》原文之「壎」字。上下文未出現「損」字。「塡」字，是。「損」、「塡」，形體結構相近而訛。

〔註195〕孔穎達《禮記正義》卷四，阮元校刻《十三經注疏》本，頁 1260 中欄。

〔註196〕阮元《十三經注疏校勘記》，阮元校刻《十三經注疏》本，頁 1263 下欄。

③發—鼗

卷三《禮樂・論五聲八音》：鼗者，震之氣也。上應昴星，以通王道，故謂之鼗也。

疏證：《釋名・釋樂器》：「鼗，導也。所以導樂作也。」《初學記》引《纂要》云：「樂之所成曰鞉鼓。」即此亦作「**發**」。《禮・小師》「掌教鼓鼗」，注：「鼗如鼓而小，持其柄而搖之，旁耳還自擊。」（第124頁）

按：「發」，淮南本同，誤。《續編》本作「鼗」，是。考《初學記・樂部下・鼓》引《纂要》云「樂之所成曰鞉鼓」，注：「一作『鼗』，音『逃』，見《毛詩》。」〔註197〕陳立蓋據此而云「即此亦作『鼗』」，下文亦引《周禮・小師》而證之，又引鄭玄注以釋之，故從上下文義看，此當作「鼗」。「發」、「鼗」，形體相似而訛。

④又—文

卷六《封禪・論符瑞之應》：德至鳥獸，則鳳皇翔，鸞鳥舞，麒麟臻，白虎到，狐九尾，白雉降，白鹿見，白烏下。

疏證：《山海經・西山經》：「女牀之山有鳥焉，其狀如翟而五采。又名曰鸞鳥，見則天下安寧。」郭注：「舊說鸞似雞，瑞鳥也。周成王時，西戎獻之。」（第284頁）

按：「又」，淮南本同，誤。《續編》本作「文」，是。「文」，應屬上讀，作「其狀如翟而五采文」。考《山海經・西山經》云：「西南三百里曰女牀之山，其陽多赤銅，其陰多石涅，其獸多虎豹犀兕，有鳥焉，其狀如翟而五彩文，名曰鸞鳥。見則天下安寧。」郭璞注：「翟似雉而大，長尾，或作鶒，鶋，鶋屬也。舊說鸞似雞，瑞鳥也。周成王時，西戎獻之。」〔註198〕「又」、「文」，形近而訛。中華本不僅襲誤，且施標點誤。

⑤姪—姓

卷七《蓍龜・論卜筮之服》：皮弁素積，求之於質也。《禮》曰：「皮弁素

〔註197〕徐堅等著《初學記》卷一六，頁399。
〔註198〕郭璞傳《山海經》卷二，《四部叢刊初編》第80冊，頁17，B面-頁18，A面。

積，筮於廟門之外。」

    疏證：《特牲禮》：「及筮日，主人冠……子<u>姪</u>兄弟如主人服，有司、羣執
        事如兄弟服。」（第331頁）

    按：「姪」，淮南本同，誤。《續編》本作「姓」，是。考《儀禮·特牲饋
        食禮》云「及筮日，主人冠端玄，即位於門外西面，子姓兄弟如主
        人之服立於主人之南，西面北上，有司群執事如兄弟服」，鄭玄注：
        「所祭者之子孫，言子姓者，子之所生，小宗祭而兄弟皆來與焉。
        宗子祭則族人皆侍。」賈公彥疏：「案鄭注《喪大記》云『姓之言生
        也』，云『子之所生』，則孫是也。」〔註199〕「姪」、「姓」，形體結
        構相近而訛。

⑥英一筴

卷七《商賈》：商賈，何謂也？商之爲言商也。商其遠近，度其有亡，通
四方之物，故謂之商也。

    疏證：《管子·海王篇》「禺<u>英</u>之商日二百萬」，注：「商，計也。」（第346
        頁）

    按：「英」，淮南本同，誤。《續編》本作「筴」，是。考《管子·海王篇》
        「禺筴之商日二百萬」，房玄齡注：「禺讀爲偶，偶，對也。商，計
        也。對其大男大女食鹽者之口數而立筴以計所稅之鹽，一日計二百
        萬，合爲二百鍾。」〔註200〕「英」、「筴」，形體結構相似而誤。

（2）襲聲近字之誤

①託一託

卷七《王者不臣·論王臣不仕諸侯異義》：王者臣不得爲諸侯臣，以其尊
當與諸侯同。《春秋傳》曰：「寓公不世，待以初。」

    疏證：《公羊》桓七年傳：「貴者無後，待之以初。」蓋即本此也。何注：
        「穀、鄧本與魯同，貴爲諸侯，今失爵亡土來朝，託寄也。義不
        可卑，故明當待之如初。所謂故舊不遺，則民不偷，無後者施於
        所奔國也。獨妻得配夫，<u>托</u>衣食於公家，子孫當受田而耕。」（第
        324頁）

〔註199〕賈公彥《儀禮注疏》卷四四，阮元校刻《十三經注疏》本，頁1179上欄。
〔註200〕管仲《管子》卷二二，《四部叢刊初編》第61冊，頁2，B面。

按：「托」，淮南本同，誤。《續編》本作「託」，是。考《春秋公羊傳‧
　桓公七年》何休注云：「穀、鄧本與魯同，貴爲諸侯，今失爵亡土來
　朝，託寄也。義不可卑，故明當待之如初。所謂故舊不遺，則民不
　偷，無後者施於所奔國也。獨妻得配夫，託衣食於公家，子孫當受
　田而耕。」〔註201〕託，《說文‧言部》云：「寄也，从言，乇聲。」
　〔註202〕「託」、「托」，當「寄託」、「憑藉、依靠」之義時通用，當
　從原文作「託」，是。淮南本誤，中華本沿誤。

②享─饗

卷八《三綱六紀‧論六紀之義》：朋友者，何謂也？朋者，黨也。友者，
有也。《禮記》曰：「同門曰朋，同志曰友。」

　疏證：引申之，凡相比者皆爲朋。《詩‧七月》「朋酒斯享」，謂兩樽也。
　　　　（第376頁～第377頁）

按：「享」，淮南本同，誤。《續編》本作「饗」，是。考《毛詩‧國風‧
　豳風‧七月》云：「九月肅霜，十月滌場，朋酒斯饗，曰殺羔羊。」
　〔註203〕

③也─矣

卷八《宗族‧論九族》：《禮》曰：「唯氏三族之不虞。」《尚書》曰：「以
親九族。」

　疏證：《昏禮》記文也。彼云：「請期曰：『吾子有賜，命某既申受命也。
　　　　唯是三族之不虞，使某也請吉日。』」（第399頁）

按：「也」，淮南本同，誤。《續編》本作「矣」，是。考《儀禮‧士昏禮》
　作「矣」〔註204〕。「矣」，句末語氣詞表示事情的變化。

④彰─障

卷九《衣裳‧總論衣裳》：所以名爲裳何？衣者，隱也。裳者，彰也。
所以隱形自障閉也。《易》曰：「黃帝、堯、舜垂衣裳而天下治。」（第433
頁）

〔註201〕徐彥《春秋公羊傳注疏》卷五，阮元校刻《十三經注疏》本，頁2218中欄。
〔註202〕段玉裁《說文解字注》三篇上，頁95上欄。
〔註203〕孔穎達《毛詩正義》卷八，阮元校刻《十三經注疏》本，頁392上欄。
〔註204〕賈公彥《儀禮注疏》卷六，阮元校刻《十三經注疏》本，頁972中欄。

按：「彰」，淮南本同，誤。《續編》本作「障」。考盧校本作「鄣」〔註205〕。「鄣」、「障」異體字。淮南本作「彰」，誤，中華本沿誤。

（3）其他訛字

上文已指出訛字在淮南本存在比例很大，也是中華本沿襲的重要錯誤，中華本還存在其他訛字，此舉三條文例：

①爲―女

卷一○《嫁娶・論婦人有師傅》：婦人所以有師何？學事人之道也。《詩》云：「言告師氏，言告言歸。」《昏禮經》曰：「教於公宮三月。」婦人學一時，足以成矣。

疏證：所引《詩》，《周南・葛覃》文，毛傳：「師，女師也。古者爲師，教以婦德、婦言、婦容、婦功。」鄭箋：「我告師氏者，我見教告於女師也。教告我以適人之道。重言我者，尊重師教也。」（第485頁）

按：「爲」，淮南本同，誤。《續編》本作「女」，是。考《毛詩・國風・周南・葛覃》：「言告師氏，言告言歸。」毛傳云：「言，我也。師，女師也。古者女師，教以婦德、婦言、婦容、婦功。祖廟未毀，教於公宮三月，祖廟既毀，教於宗室。婦人謂嫁曰歸。」〔註206〕

②載―藏

卷一一《崩薨・論棺槨厚薄之制》：棺之爲言完，所以載尸令完全也。（第553頁）

按：「載」，淮南本同，誤。《續編》本作「藏」，是。盧校本亦作「藏」〔註207〕。

③贈―食

卷一一《崩薨・論含斂》：用珠寶物何也？有益死者形體。故天子飯以玉，諸侯以珠，大夫以璧，士以貝也。

疏證：大夫當以珠。《左傳》成十七年「公孫嬰齊夢贈瓊瑰」，注：「食珠玉含象。」則大夫或用珠也。（第585頁）

〔註205〕班固等撰《白虎通》卷四上，《叢書集成初編》第239冊，頁241。
〔註206〕孔穎達《毛詩正義》卷一，阮元校刻《十三經注疏》本，頁77上欄。
〔註207〕班固等撰《白虎通》卷四下，《叢書集成初編》第239冊，頁299。

按：「贈」，淮南本同，誤。《續編》本作「食」，是。考《左傳・成公十七年》傳云：「初，聲伯夢涉洹，或與己瓊瑰食之。」杜預注：「瓊，玉。瑰，珠也。食珠玉含象。」〔註208〕陳立引此文乃據意而引。「與己」雖有贈之意，但卻無「食之」，即「食瓊瑰」之意。此句重點在「贈」而後「食」，又據《白虎通》此節論「含斂」，故取「食」字為得當。

2. 襲脫文

淮南本存在大量的脫文例，有時，僅僅是一個漢字，有時，卻是大片脫文。在第二節論述淮南本脫文例時，已經列舉了很多關於大片脫文的文例，其中多數文例，中華本亦沿襲了其誤。例如，「不撓而折勇之方也」、「土土生」與「高子曰娶乎大夫者略之也」等，中華本繼續沿襲淮南本的錯誤。下面再舉五條文例：

（1）山

卷六《巡狩・論五嶽四瀆》：故《尚書大傳》曰：「五嶽謂岱山、霍山、華山、恆山、嵩也。」（第300頁）

按：「嵩」下，脫「山」字。淮南本脫此字，中華本襲誤。《續編》本有「山」字，作「嵩山」。考盧校本亦作「嵩山」〔註209〕。

（2）省

卷七《商賈》：商賈，何謂也？商之為言商也。商其遠近，度其有亡，通四方之物，故謂之商也。

疏證：《說文・㕯部》：「啇，从外知內也。从㕯，章聲。」（第346頁）

按：「章」下，脫「省」字。淮南本脫此字，中華本襲誤。《續編》本有「省」字。考《說文・㕯部》：「啇，从外知內也，从㕯，章省聲，式陽切。」〔註210〕

（3）為

卷八《宗族・論九族》：父族四，母族三，妻族二。四者，謂父之姓為一族也，父女昆弟適人有子為二族也，身女昆弟適人有子為三族也，身女子適

〔註208〕孔穎達《春秋左傳正義》卷二八，阮元校刻《十三經注疏》本，頁1921下欄。
〔註209〕班固等撰《白虎通》卷三上，《叢書集成初編》第238冊，頁154。
〔註210〕段玉裁《說文解字注》三篇上，頁88上欄。

人有子爲四族也。母族三者，母之父母爲一族也，母之昆弟爲二族也，母之女昆弟爲三族也。母昆弟者男女皆在外親，故合言之也。妻族二者，妻之父爲一族，妻之母爲二族。妻之親略，故父母<u>各一族</u>。（第399頁）

> 按：「各」下，脫「爲」字。淮南本脫此字，中華本襲誤。《續編》本有「爲」字。盧校本亦有「爲」字〔註211〕。

（4）禰

卷一〇《嫁娶·論遣女戒女》：遣女於禰廟者，重先人之遺體，不敢自專，故告禰也。

> 疏證：《婚禮》言納采之禮云「主人筵於戶」，注：「筵，爲神布席也。將以先祖之遺體許人，故受其禮<u>於廟</u>也。」（第462頁）

> 按：「於」下，脫「禰」字。淮南本脫此字，中華本襲誤。《續編》本有「禰」字，作「禰廟」，是。考《儀禮·士昏禮》云：「昏禮，下達納采，用鴈。主人筵於戶西，西上右几。」鄭玄注：「主人，女父也。筵，爲神布席也。戶西者，尊處將以先祖之遺體許人，故受其禮於禰廟也。」〔註212〕

（5）送

卷一〇《嫁娶·遣女戒女》：父母親戒女何？親親之至也。父曰：「誡之敬之，夙夜無違命。」母施衿結帨曰：「勉之敬之，夙夜無違宮事。」父誡於阼階，母誡於西階，庶母及門內施鞶，申之以父母之命，命之曰：「敬恭聽爾父母之言，夙夜無愆，視諸衿鞶。」

> 疏證：桓三年《公羊》注：「禮，<u>女</u>，父母不下堂，姑姊妹不出門。」是父母止誡於東西階上也。（第462頁）

> 按：「女」上，脫「送」字。淮南本脫此字，中華本襲誤。《續編》本有「送」字，是。考《公羊傳·桓公三年》：「九月，齊侯送姜氏於讙。何以書？譏。何譏爾？諸侯越竟送女，非禮也。」何休注云：「以言姜氏也。禮，送女父母不下堂，姑姊妹不出門。」〔註213〕

〔註211〕班固等撰《白虎通》卷三下，《叢書集成初編》第239冊，頁221。
〔註212〕賈公彥《儀禮注疏》卷四，阮元校刻《十三經注疏》本，頁961中欄。
〔註213〕徐彥《春秋公羊傳注疏》卷四，阮元校刻《十三經注疏》本，頁2214下欄。

3. 襲衍文

在上文第二節中，論述淮南本存在的問題時，已列舉了淮南本衍文的情況，其中大多數文例，中華本亦沿襲其誤，例如，「因涉上下文，漢字復現而衍文」之例，關於「母命施衿結帨」之「命」字，衍文，中華本亦衍；又，「因語境而衍」之例，關於「魯人亦有喪」之「喪」字，衍文，中華本亦衍。在此僅舉二例：

（1）**璆璆然—璆然**

卷九《衣裳・論佩》：何以知婦人亦佩玉？《詩》云：「將翱將翔，佩玉將將。彼美孟姜，德音不忘。」

疏證：《史記・孔子世家》：「孔子見南子，在絺帷中，孔子入門，北面稽首，夫人自帷中再拜，環佩玉聲<u>璆璆然</u>。」（第 437 頁）

按：「璆璆然」，當為「璆然」。淮南本同衍，中華本襲誤。《續編》本作「璆然」，「璆」字，不重文，是。考《史記・孔子世家》亦作「璆然」〔註214〕。

（2）**周禮疏引聖證論云王肅曰—周禮疏引王肅曰**

卷一○《嫁娶・論嫁娶之期》：男三十筋骨堅強，任為人父，女二十肌膚充盈，任為人母，合為五十，應大衍之數，生萬物也。故《禮・內則》曰：「男三十壯有室，女二十壯而嫁。」

疏證：《周禮》疏引<u>《聖證論》</u>云：「王肅曰：『《周官》云：令男三十而娶，女二十而嫁。謂男女之限嫁娶不得過此也。三十之男，二十之女，不待禮而行之……。』」（第 453～454 頁）

按：「聖證論云」四字，衍文。淮南本衍，中華本襲誤。《續編》本無此四字，是。考《周禮・媒氏》疏云：「王肅曰：『《周官》云：令男三十而娶，女二十嫁。謂男女之限嫁娶不得過此也。三十之男，二十之女，不待禮而行之，所奔者不禁，娶何三十之限？前賢有言：丈夫二十不敢不有室，女子十五不敢不有其家。』」〔註215〕

4. 襲錯亂

論述淮南本的錯亂時，筆者已列舉了一些文例，例如，在上文第二節中，

〔註214〕司馬遷《史記》卷四七，頁 1920。
〔註215〕賈公彥《周禮注疏》卷一四，阮元校刻《十三經注疏》本，頁 733 上欄。

所舉「因常用語而倒」所舉二例，以及「書名錯亂」所舉的三例中，中華本亦沿襲淮南本之誤，現在僅舉二例予以說明。

（1）於白－自於

卷一〇《嫁娶·論天子必娶大國》：《春秋傳》曰：「紀侯來朝。」紀子以嫁女於天子，故增爵稱侯。至數十年之間，紀侯無他功，但以子為天王后，故爵稱侯。知雖小國者，必封以大國，明其尊所不臣也。王者娶及庶邦何？開天下之賢士，不遺善也。故《春秋》曰「紀侯來朝」，文加為侯，明封之也。先封之，明不與庶邦交禮也。

疏證：而《通典》引射慈云：「傳曰：『尊同則得服其親服。』尊同者，為俱為卿大夫，則不降也。諸侯女為諸侯夫人，不降父母昆弟之服，及為父後者。」然則射氏以大夫之女嫁於諸侯，則父母亦在可降中矣，其言非禮意也。然王后雖不降本親之服，而天子絕旁期，則<u>於白</u>后父母無服。（第 475 頁）

按：「於白」，當為「自於」。淮南本錯亂，中華本襲誤。《續編》本作「自於」，是「白」與「自」，形近而訛。「於白」二字於此不辭，此句乃陳立所議射慈之語，據文義，此當作「自於」二字。

（2）為不－不為

卷一一《喪服·論杖》：禮，童子婦人不杖者，以其不能病也。

疏證：《禮》疏引賀循等以為婦人不杖謂出嫁之婦人，不為主則不杖。其<u>為不</u>主而杖者，唯姑在為夫。（第 511～512 頁）

按：「為不」，倒文，當為「不為」。淮南本錯亂，中華本襲誤。《續編》本作「不為」，是。考《禮記·喪服小記》「婦人不為主而杖者，姑在為夫杖，母為長子削杖，女子子在室，為父母其主喪者不杖，則子一人杖」，孔穎達疏：「故賀循等以為婦人不杖，謂出嫁之婦人不為主則不杖，其不為主而杖者，唯姑在為夫杖。故此記特明之。」〔註216〕

5. 錯誤交織的沿襲

在論述淮南本中的錯誤時，筆者已說明淮南本中存在諸多錯誤交織在一

〔註216〕孔穎達《禮記正義》卷三三，阮元校刻《十三經注疏》本，頁 1502 下欄-1503 上欄。

起的情況，即在陳立所引用的一條文獻中，訛誤、衍、脫、錯亂等情況交織在一起的情況，上文第二節所舉文例，大多數中華本亦沿襲了其錯誤情況。此舉一例以明確這種情況。例如：

　　卷六《耕桑・論王與后親耕親桑之禮》：王者所以親耕，后親桑何？以率天下農蠶也。

　　疏證：《續漢志》注引《要義》云：「天子籍田，以供上帝之粢盛，所以
　　　　　先百姓而致孝敬也。藉，踏也。言親自履踏於天而耕之。」（第276
　　　　　頁）

　　按：「《續漢志》注」，當爲「《後漢書》注」，陳立張冠李戴誤作司馬彪
　　　　《後漢書志》，淮南本誤，中華本襲誤。又，「踏」，當爲「蹈」，二
　　　　字形近而誤，淮南本誤，中華本襲誤。又，「履踏」，倒文，當爲「蹈
　　　　履」，淮南本錯亂，中華本襲誤。又，「天」，當爲「田」，二字音近
　　　　而訛，淮南本誤，中華本襲誤，《續編》本作「田」，是。考《後漢
　　　　書・顯宗孝明帝紀》云「四年春二月辛亥，詔曰：『朕親耕籍田，
　　　　以祈農事……』」，李賢等注引《五經要義》曰：「天子籍田，以供
　　　　上帝之粢盛，所以先百姓而致孝敬也。藉，蹈也。言親自蹈履於田
　　　　而耕之。」〔註217〕

二、點校整理方面

　　中華本以淮南本爲底本作點校整理，在一定程度上爲讀者更好地閱讀古文典籍提供了便利，但是，也呈現新的文本錯誤、校記疏漏以及標點斷句方面的問題。

（一）新增之誤

1. 訛文

訛文較多，幾乎每一卷都有。現舉例如下：

（1）形近而訛

①古—占

　　卷四《封公侯・論夏封諸侯》：封諸侯以夏何？陽氣盛養，故封諸侯，盛養賢也。封立人君，陽德之盛者也。《月令》曰：「孟夏之月，行賞，封諸侯，

〔註217〕范曄撰，李賢等注《後漢書》卷二，頁107-108。

慶賜，無不欣悅。」

　　疏證：《御覽》引京房《<u>古易</u>》云：「夏至离王，景風用事，人君當爵有
　　　　　　德，封有功。」（第 144 頁）

　　按：「古易」，淮南本、《續編》本作「占易」，是。考《太平御覽‧時序
　　　　部‧夏至》引作「京房《占易》」〔註 218〕。「古」、「占」，字形頗近
　　　　而訛。

②隄—陽

　　卷四《五行‧論五行更王相生相勝變化之義》：火可不入其中者，陰在
內也。入則殺人矣。水土陽在內，故可入其中。金木微氣也，精密不可得
入也。

　　疏證：《大義》三云：「如火陰在內，無所堪容。」又云：「如水<u>隄</u>在內，
　　　　　　堪能容納。」故火入乃殺人，水可入其中也。（第 192 頁）

　　按：「隄」，淮南本、《續編》本作「陽」，是。據上「如火陰在內」，知此
　　　　當作「如水陽在內」，相對成文。考《五行大義‧論雜配‧論配氣味》
　　　　作「陽」〔註 219〕。「隄」、「陽」，形體結構相近而訛。

（2）聲近而訛

①九—又

　　卷四《京師‧論遷國》：周家始封於何？后稷封於邰，公劉去邰之邠。《詩》
曰：「即有邰家室。」又曰：「篤公劉，於邠斯觀。」周家五遷，其意一也。
皆欲成其道也。時寧先白王者，不以諸侯移，必先請從然後行。

　　疏證：《御覽》引《帝王世紀》曰：「后稷始封邰，今扶風是也……故《孟
　　　　　　子》稱文王生於畢郢，西夷之人也。暨文王受命，徙都於酆，在
　　　　　　今京兆之西，是也……」此皇甫所序周家五遷之事也。今案武王
　　　　　　遷鎬，《詩》「鎬京辟雍」是也。洛邑營於成王之世，武王第遷鼎
　　　　　　於是耳。<u>九</u>引《孟子》「生於畢郢」，亦誤。文王生於太王之世，
　　　　　　故云「生於岐周」也……（第 159 頁）

　　按：「九」，淮南本、《續編》本作「又」，是。據文義，當為「又」。「九」、
　　　　「又」，音近而訛。

〔註 218〕李昉等撰《太平御覽》卷二三，頁 111 上欄。
〔註 219〕蕭吉《五行大義》卷三，《叢書集成初編》第 695 冊，頁 51。

②易—陽

卷四《五行·論五味五臭五方》：所以名之爲東方者，動方也。萬物始動生也。

疏證：《漢書·曆志》云：「東，動也。**易**氣動物。」（第173頁）

按：「易」，淮南本、《續編》本作「陽」，是。考《漢書·律曆志上》作「陽」〔註220〕。「易」、「陽」，形近而訛。

（3）其他錯誤

①者—莽

卷四《封公侯·論三公九卿》：王者所以立三公九卿何？曰：天雖至神，必因日月之光。地雖至靈，必有山川之化。聖人雖有萬人之德，必須俊賢。三公、九卿、二十七大夫、八十一元士，以順天成其道。

疏證：故《續漢志》注引《漢官儀》云：「王**者**時，議以漢無司徒官，故定三官之號：大司徒、大司馬、大司空。世祖即位，因而不改。」是也。（第129～130頁）

按：「者」，淮南本、《續編》本作「莽」，是。考《後漢書志·百官一》劉昭注引《漢官儀》曰：「王莽時，議以漢無司徒官，故定三公之號曰大司馬、大司徒、大司空。世祖即位，因而不改。」〔註221〕

②之—而

卷五《三軍·論受兵還兵》：王命法年卅受兵何？重絕人世也。師行不必反，戰不必勝，故須其有世嗣也。年六十歸兵何？不忍並鬭人父子也。《王制》曰：「六十不預服戎。」又曰：「八十一子不從政，九十家不從政，父母之喪，三年不從政，衰、齊、大功，三月不從政，廢疾非人不養者，一人不從政。」

疏證：《王制》正義引《五經異義》云：「《禮》戴說，《王制》云：『五十不從力政，六十不與服戎。』《易》孟氏、《韓詩》說，年二十行役，三十受兵，六十還兵。古《周禮》說，國中自七尺以及六十，野自六尺以及六十有五，皆征之。謹案《五經》說各不同，是無明文可據。漢承百王**之**制，二十二而役，六十五已老，而周復征之，非用民意。」（第208頁）

〔註220〕班固撰，顏師古注《漢書》卷二一上，頁971。
〔註221〕司馬彪撰，劉昭注補《後漢書志》第二四，頁3560。

按：「之」，淮南本、《續編》本作「而」，是。考《禮記・王制》疏引《異
義》作「而」〔註222〕。又考《駁五經異義》作「而」〔註223〕。中
華本稱據《五經異義》改作「之」，誤。

2. 脫文

（1）左右—左右與

卷七《玫黜・論九錫》：車者，謂有赤有青之蓋，朱輪，特能居前，左右
寢米也。（第306頁）

疏證：《荀子・禮論》說天子制云：「寢兕、持虎。」「持」即「特」之訛。
蓋天子乘輿畫特虎居前，二寢兕居輪左右？

按：「左右」下，淮南本、《續編》本有「與」字，是。「與」，通「歟」，
構成無疑而問句。中華本稱據文義刪「與」字，誤。

（2）立何—立主何

卷一二《闕文・宗廟》：所以虞而立何？孝子既葬，日中反虞，念親已没，
棺柩已去，悵然失望，彷徨哀痛，故設桑主以虞，所以慰孝子之心。虞，安
其神也，所以用桑。練主用栗。（第578頁）

按：「立」下，脫「主」字。淮南本、《續編》本有「主」字，是。盧校
本亦有「主」字〔註224〕，且《太平御覽・禮儀部・神主》引《白虎
通》亦有「主」字〔註225〕。

3. 衍文

（1）者此也—此也

卷一〇《紼冕・論皮弁》：上古之時質，先加服皮以鹿皮者，取其文章也。
（第497頁）

疏證：……《詩・鳲鳩》「其弁伊騏」，傳：「騏，騏文也。」所謂取其文
章者此也。

〔註222〕孔穎達《禮記正義》卷一三，阮元校刻《十三經注疏》本，頁1346中欄。
〔註223〕許慎撰，鄭玄駁，王復輯，武億校《駁五經異義》，《叢書集成初編》第239
冊，頁16-17。
〔註224〕莊述祖輯，盧文弨訂《白虎通闕文》，附盧校本《白虎通》，《叢書集成初編》
第239冊，頁5。
〔註225〕李昉等撰《太平御覽》卷五三一，頁2411下欄。

按：「者」，淮南本、《續編》本無此字。蓋中華本意欲將「此也」改爲「者也」而致衍文。據文義，「此也」，亦可。

4. 錯亂

關於錯亂，中華本存在著的倒文，此舉兩例：

（1）冠玄端—冠端玄

卷七《蓍龜·論卜筮之服》：皮弁素積，求之於質也。《禮》曰：「皮弁素積，筮於廟門之外。」

疏證：《特牲禮》：「及筮日，主人冠**玄端**……」（第 331 頁）

按：「玄端」，當爲「端玄」。淮南本、《續編》本作「端元」，此「元」爲避諱「玄」字而改字，是。考《儀禮·特牲饋食禮》云：「及筮日，主人冠端玄，即位於門外西面。」鄭玄注：「冠端玄，玄冠，玄端。下言玄者，玄冠有不玄端者。門謂廟門。」〔註 226〕從鄭玄注所言，此「玄」字於語句末，在古代有特殊含義，故文不可倒。

（2）三數—數三

卷一〇《嫁娶·論嫁娶之期》：陽舒而陰促，三十三**數**終奇，陽節也。二十再終偶，陰節也。陽小成於陰，大成於陽，故二十而冠，三十而娶。陰小成於陽，大成於陰，故十五而笄，二十而嫁也。（第 455 頁）

按：「三數」，倒文，當爲「數三」。淮南本、《續編》本作「數三」，作「三十數三」，是。盧校本亦作「三十數三」〔註 227〕。

另外，在中華本中，筆者發現有三處篇章錯亂，嚴重影響了讀者的閱讀：

（3）**卷二《號·論皇帝王之號》**：《鉤命決》曰：「三皇步，五帝趨。三王馳，五伯騖。」（第 45 頁第 10 行）

疏證：《御覽》引《論語撰考讖》次「之」字，次「稱」字，俱依盧校從《御覽》補。（第 45 頁第 12 行）

按：自「次之」至「覽補」十四字，於此不辭。據淮南本與《續編》本，與《白虎通》原文相應的陳立疏證爲：「曰：『考靈羌德，知堯步舜

〔註 226〕賈公彥《儀禮注疏》卷四四，阮元校刻《十三經注疏》本，頁 1178 下欄。
〔註 227〕班固等撰《白虎通》卷四上，《叢書集成初編》第 239 冊，頁 251。

驟，禹馳湯驚。』注：『德有優劣，故曰行轉疾也。』亦謂愈下愈速之義也。故《後漢・曹褒傳》云『三五步驟，優劣殊軌』也。『趨』，古『驟』同音，故『趨馬』亦作『趣馬』，亦作『驟馬』。」

（4）卷二《號・論皇帝王之號》：皇者，何謂也？亦號也。皇，君也，美也，大也。天人之總，美大之稱也。時質，故總稱之也。（第 44 頁第 9～10 行）

疏證：「人」字及《天道篇》云：「天不產而萬物化，地不長而萬物育，帝王無為而天下功。」是皆與此節義同也。《易・通卦驗》云：「天皇氏之先，與乾曜合元精。」「君有五期，輔有三名。」注云：「君之用事，五行代王，亦有五期。三輔，公卿大夫也。」天地初分，亦即有君臣，亦即有政治，第年代綿遠無考也。「寥」，《說文・广部》作「廫」，今通用「廖」。小字本、元本「棄」并作「弃」，書內皆同。（第 44 頁第 12～13 行～第 45 頁第 1～2 行）

按：自「天道」至「皆同」之文，於此不辭。據淮南本與《續編》本，與《白虎通》原文相應的陳立疏證為：「次『之』字，次『稱』字，俱依盧校從《御覽》補。」

（5）卷二《號・論皇帝王之號》：故黃金棄於山，珠玉捐於淵，巖居穴處，衣皮毛，飲泉液，吮露英，虛無廖廓，與天地通靈也。（第 46 頁第 5～6 行）

疏證：又《莊子》曰：「考靈羌德，知堯步舜驟，禹馳湯驚。」注：「德有優劣，故曰行轉疾也。」亦謂愈下愈速之義也。故《後漢・曹褒傳》云「三五步驟，優劣殊軌」也。古趨驟同音，故「趨馬」亦作「趣馬」，亦作「驟馬」。（第 46 頁第 11～12 行）

按：自「曰考」至「驟馬」之文，於此不辭。據淮南本與《續編》本，與《白虎通》原文相應的陳立疏證為：「《天道篇》云：『天不產而萬物化，地不長而萬物育，帝王無為而天下功。』是皆與此節義同也。《易・通卦驗》云：『天皇氏之先，與乾曜合元精。』『君有五期，輔有三名。』注云：『君之用事，五行代王，亦有五期。三輔，公卿大夫也。』天地初分，亦即有君臣，亦即有政治，第年代綿遠無考也。『寥』，《說文・广部》作『廫』，今通用『廖』。小字本、元本『棄』

并作『弃』，書內皆同。」又，中華本所排定之「古趨驟同音」之「古趨」二字，倒文，當爲「趨古」，言「趨，古驟同音」，是。

（二）出校方面的疏忽

中華整理點校本在出校方面也存在著嚴重疏漏，主要表現在擅改底本而未出校、校記訛誤以及對校本交待不清。

1. 擅改底本而未出校

此所討論的擅改底本而未出校的情況，涉及兩個方面：一是中華本校改了淮南本的訛誤，且這種校改是正確的，但未出校勘記；二是中華本在校改淮南本訛誤時，校改失誤，且未出校勘記予以說明，似乎是臆測的校改。

（1）校正底本而未出校

校正底本而未出校指的是中華本校改了淮南本之訛誤，且是對文本的正確解讀，但是卻未出校說明，即擅改底本的疏忽。筆者亦從校訛文、校衍文、校脫文、校錯亂而未出校來說明此問題。

①糾訛文而未出校

A. 糾形近字而未出校

a. 云一之

卷二《號‧論三皇五帝三王五伯》：非明王之法不張。

疏證：盧云：「此從程本定，小字本、元本作『非明王之張法』。」（第63頁）

按：「之」，淮南本、《續編》本作「云」，誤。考《〈白虎通〉校勘補遺》云：「此從程本定，小字本、元本作『非明王之張法』。」〔註228〕中華本所正，良是，只是未出校。

b. 碓一碓

卷三《禮樂‧論五聲八音》：鎛者，時之氣聲也，節度之所生也。君臣有節度則萬物昌，無節度則萬物亡。亡與昌正相迫，故謂之鎛。

疏證：《周禮‧鼓人》「以金錞和鼓」，注：「錞，錞于也。圓如碓頭，大上小下，樂作鳴之，與鼓相和。」（第128頁）

按：「碓」，淮南本作「碓」，誤。《續編》本作「碓」，是。考《周禮‧鼓

〔註228〕盧文弨《〈白虎通〉校勘補遺》，《叢書集成初編》第239冊，頁3。

人》鄭玄注作「碓」〔註229〕。中華本所正，良是，只是未出校。

B. 糾聲近字而未出校

a. 引—音

卷八《三教·論三教之失》：教者，何謂也？教者，效也。上爲之，下效之。民有質樸，不教（而／不）成。故《孝經》曰：「先王見教之可以化民。」《論語》曰：「不教民戰，是謂棄之。」《尚書》曰：「以教祇德。」《詩》云：「爾之教矣，欲民斯效。」

　　疏證：《一切經音義》引《三蒼》云：「教，誨也。」（第371頁）

　　按：「音」，淮南本作「引」，誤，蓋涉下文「引《三蒼》」而誤。《續編》本作「音」，是。中華本所正，良是，只是未出校。

b. 後—后

卷一二《闕文·宗廟》：禘祫及遷廟何？以其能世世繼君之體，持其統而不絕，由親及遠，不忘先祖也。

　　疏證：然則禘、祫皆及遷廟，但祫則並祀於太祖，禘則先公之主祀於后稷廟，昭之遷主祭於武廟，穆之遷主祭於文廟，爲異耳。（第574頁）

　　按：「后稷」，淮南本作「後稷」，誤。《續編》本作「后稷」，是。徐鍇《說文解字繫傳·通論上》：「古謂官長曰后，《書》曰『汝后稷』是也。」〔註230〕即《尚書·舜典》：「汝后稷，播時百穀。」〔註231〕中華本所正，良是，只是未出校。

C. 糾其他訛字而未出校

a. 有—復

卷二《號·論三皇五帝三王五伯》：謂之燧人何？鑽木燧取火，教民熟食，養人利性，避臭去毒，謂之燧人也。

　　疏證：《風俗通》引《含文嘉》云：「燧人氏鑽木取火，炮生爲熟，令人無復腹疾，有異於禽獸，遂天之意，故曰遂人。」（第52頁）

　　按：「復」，淮南本、《續編》本作「有」，誤。考《風俗通義·皇霸·三皇》

〔註229〕賈公彥《周禮注疏》卷一二，阮元校刻《十三經注疏》本，頁721上欄。

〔註230〕徐鍇撰《說文解字繫傳》卷三三，《四部叢刊初編》第15冊，頁3，A面。

〔註231〕孔穎達《尚書正義》卷三，阮元校刻《十三經注疏》本，頁130下欄。

引《含文嘉》作「復」〔註232〕。中華本所正，良是，只是未出校。

b. 前一時

卷三《禮樂·論帝王禮樂》：《春秋傳》曰：「曷爲不修乎近而修乎遠？同己也。可因先以太平也。」

疏證：此兼存今文家異說也。《公羊》隱五年注：「王者治定制禮，功成作樂，未制作之**時**，取先王之禮樂宜於今者用之。」（第100頁）

按：「時」，淮南本、《續編》本作「前」，誤。考《公羊傳·隱公五年》何休注云：「王者治定制禮，功成作樂，未制作之時，取先王之禮樂宜於今者用之。」〔註233〕中華本所正，良是，只是未出校。

②補脫文而未出校

A·南方－南方者

卷一《爵·論制爵五等三等之異》：男者，任也。人皆五十里。

疏證：南亦訓爲任。下《五行》篇：「南方**者**，任養之方。」（第10頁）

按：「者」，淮南本、《續編》本脫此字。考《白虎通·五行》云：「南方者，任養之方，萬物懷任也。」〔註234〕中華本所補，良是，只是未出校。

B. 通引大傳－通考引大傳

卷六《辟雍·論庠序之學》：立春而就事，朝則坐於里之門，餘子皆出就農而後罷。夕亦如之，皆入而後罷。

疏證：此上舊脫，亦依盧校改。《通**考**》引《大傳》云：「距冬至四十五日始出學，傳農事，上老平明坐於右塾，庶老坐於左塾，餘子畢出，然後皆歸，夕亦如之……」（第262頁）

按：「考」，淮南本脫此字，《續編》本有「考」字，是。陳立所引《尚書大傳》文，出自馬端臨所撰《文獻通考·學校考·郡國鄉黨之學》〔註235〕。中華本所補，良是，只是未出校。

〔註232〕應劭撰《風俗通義》卷上，《叢書集成初編》第274冊，頁3。
〔註233〕徐彥《春秋公羊傳注疏》卷三，阮元校刻《十三經注疏》本，頁2207下欄。
〔註234〕班固等撰《白虎通》卷二上，《叢書集成初編》第238冊，頁85。
〔註235〕馬端臨《文獻通考》卷四六，頁429中欄。

③刪衍文而未出校

A. **衆也—衆**

卷四《封公侯・論三公九卿》：司徒主人。不言人，言徒者，徒，衆也。重民衆。

疏證：《公羊》昭八年傳「簡車徒也」，注：「徒，<u>衆</u>。」（第 133 頁）

按：「衆」下，淮南本、《續編》本有「也」字，衍。考《公羊傳・昭公八年》：「秋，蒐於紅，蒐者何？簡車徒也。」何休注：「徒，衆。」〔註 236〕中華本刪「也」字，良是，只是未出校。

B. **滋生—滋**

卷四《五行・論陰陽盛衰》：壯於子。子者，孳也。律中黃鍾。

疏證：《律書》：「子者，滋也。萬物<u>滋於</u>下也。」（第 180 頁）

按：「滋」下，淮南本、《續編》本有「生」字，衍。考《史記・律書》云：「黃鍾者，陽氣踵黃泉而出也。其於十二子為子。子者，滋也；滋者，言萬物滋於下也。」〔註 237〕中華本刪「生」字，良是，只是未出校。

④乙倒文而未出校

A. **為所—所為**

卷八《三綱六紀・總論綱紀》：六紀者，謂諸父、兄弟、族人、諸舅、師長、朋友也。

疏證：《漢書・賈誼傳》：「夫立君臣，等上下，使父子有禮，六親有紀，此非天之<u>所為</u>，人之所設也。」六親，即六紀也。此「族人」當謂五屬外者。（第 373 頁）

按：「所為」，淮南本作「為所」，倒文。《續編》本作「所為」，是。考《漢書・賈誼傳》作「所為」〔註 238〕。中華本所乙，良是，只是未出校。

B. **節仲—仲節**

卷七《八風・論八風節候及王者順承之政》：昌盍風至，生薺麥。

〔註 236〕徐彥《春秋公羊傳注疏》卷二二，阮元校刻《十三經注疏》本，頁 2319 上欄。

〔註 237〕司馬遷《史記》卷二五，頁 1244。

〔註 238〕班固撰，顏師古注《漢書》卷四八，頁 2246。

疏證：《御覽》引《推度災》云：「雄生八月**仲節**，號曰太初，行三節。」（第 343～344 頁）

按：「仲節」，淮南本作「節仲」，倒文。《續編》本作「仲節」，是。考《太平御覽・天部・太初》引《詩・推度灾》作「仲節」〔註239〕。中華本所乙，良是，只是未出校。

有時，這種糾訛與刪衍、補脫等情況會同時出現在陳立的一條徵引文獻中，此舉一例刪衍文又乙正倒文的情況：

C. 多則—則多

卷四《五行・論五行更王相生相勝變化之義》：火水所以殺人何？水盛氣也，故入而殺人。火陰在內，故殺人壯於水也。金木微氣，故不能自殺人也。

疏證：《左傳》昭二十年：「鄭子產曰：『夫火烈，民望而畏之，故鮮死焉。水懦弱，民狎而玩之，**則多**死焉。』」（第 192 頁）

按：「二十年」，淮南本、《續編》本作「二十一年」，誤。又，「則多」，淮南本、《續編》本作「多則」，誤。考《左傳・昭公二十年》云：「鄭子產有疾，謂子大叔曰：『我死子必爲政，唯有德者能以寬服民，其次莫如猛。夫火烈，民望而畏之，故鮮死焉。水懦弱，民狎而翫之，則多死焉，故寬難。』」〔註240〕此二處，中華本所正，良是，只是未出校。

（2）校訛改誤，但不確切，且未出校

中華本校改淮南本訛誤，卻沒有還原文本原貌，或者未能達到準確理解文義的目標。文例如下：

①年、有一作

卷一《爵・論諸侯襲爵》：世子上受爵命，衣士服何？謙不敢自專也。故《詩》曰「韎韐有赩」，謂世子始行也。

疏證：所引《詩》者，《小雅・瞻彼洛矣》文……今《毛詩》**有**「奭」，與此作「赩」異。案「赩」字，見於《說文・赤部》新附，當作「赫」。（第 32 頁）

按：「有」，淮南本作「年」，誤。《續編》本作「作」字，言「今《毛詩》作『奭』，與此作『赩』異」，文順義通。《毛詩・小雅・瞻彼洛矣》：

〔註239〕李昉等撰《太平御覽》卷一，頁 2 下欄。
〔註240〕孔穎達《春秋左傳正義》卷四九，阮元校刻《十三經注疏》本，頁 2094 下欄。

「觪觢有夷，以作六師。」〔註241〕陳立引此旨在說明《白虎通》所引《詩》作「觢」、而今《毛詩》作「夷」的不同。中華本拘泥於《毛詩》文校改此句，而未達陳立之意，造成語義不順，亦未出校，當從《續編》本。

②王者走為、王者為─王者貴為；當有四海、有四海─富有四海
卷六《耕桑・論王與后親耕親桑之禮》：王者所以親耕，后親桑何？以率天下農蠶也。

疏證：《後漢書》注引干注：「古之<u>王者為</u>天子，<u>有</u>四海，而必私置籍田，蓋其義有三焉。一曰以奉宗廟，親致其孝……」（第276頁）

按：「王者」下，淮南本有「走」字，作「王者走為天子」，誤，《續編》本作「王者貴為天子」，是。又，「有」上，淮南本有「當」字，作「當有四海」，誤，《續編》本作「富有四海」，是。考《後漢書志・禮儀上》注引干寶《周禮注》：「古之王者，貴為天子，富有四海，而必私置籍田，蓋其義有三焉：一曰，以奉宗廟，親致其孝也……」〔註242〕此二處，淮南本實誤，中華本刪「走」、「當」二字，卻沒有準確還原文獻原貌，且未出校。

③田、出─旬
卷一○《紼冕・論委貌毋追章甫》：委貌者，何謂也？周朝廷理政事、行道德之冠名。《士冠經》曰：「委貌周道，章甫殷道，毋追夏后氏之道。」

疏證：又《周禮・司服》：「凡<u>出</u>，冠弁服。」（第501頁）

按：「出」，淮南本作「田」，誤。《續編》本作「旬」，是。考《周禮・司服》云：「凡旬，冠弁服。」鄭玄注：「旬，田獵也。冠，弁委貌，其服緇布衣，亦積素以為裳。諸侯以為視朝之服。」〔註243〕蓋「旬」、「田」、「出」，形近而訛。中華本改誤，亦未出校。

④古、詁─言
卷一一《崩薨・論崩薨異稱》：諸侯曰薨。國失陽，薨之言奄也，奄然亡也。

〔註241〕孔穎達《毛詩正義》卷一四，阮元校刻《十三經注疏》本，頁479上欄。
〔註242〕司馬彪撰，劉昭注補《後漢書志》第四，頁3106。
〔註243〕賈公彥《周禮注疏》卷二一，阮元校刻《十三經注疏》本，頁782中欄。

疏證：《廣雅・釋詁》：「薨，亡也。」（第 534 頁）

按：「詁」，淮南本作「古」，誤。《續編》本作「言」，是。《廣雅・釋言》
有此文〔註244〕，淮南本誤，中華本改作「詁」，亦誤，且未出校。

（3）所出校勘記訛誤

所出校勘記訛誤主要表現在四個方面：一是淮南本正確，中華本誤校；
二是對淮南本原貌言說的訛誤；三是校勘記中有訛字；四是校記所稱據以校
改的出處錯誤。例如：

①淮南本正確，中華本誤校

卷八《瑞贄・論五瑞制度》：《禮・王度記》曰：「玉者，有象君子之德，
燥不輕，溼不重，薄不橈，廉不傷，疵不掩。是以人君寶之。」

疏證：《說文》「玉」字下云：「石之美有五德者。潤澤以温，仁之方也……
　　　銳廉而不技，絜之方也。」

中華本校勘記：「不」下「技」原作「忮」，據《說文》改。（第 349 頁）

按：「技」，淮南本、《續編》本作「忮」，是。考《說文・玉部》亦作「忮」，
　　段玉裁注：「忮，很也。」〔註245〕中華本校作「技」，實誤。

②對淮南本原貌言說的訛誤

卷一二《闕文・宗廟》：所以用木爲之者何？（本／木）有終始，又與人
相似也。蓋題之以爲記，欲令後可知也。方尺，或曰長尺二寸。孝子入宗廟
之中，雖見木主，亦當盡敬也。

疏證：《御覽》又引許氏云：「謹案：大夫以石爲主，《禮》無明文。大夫
　　　士無昭穆，不得有主，今山陽民俗，祠有石主。」

中華本校勘記：「民俗」原作「氏浴」，據《五經異義》改。（第 578 頁）

按：「民俗」，是。考《太平御覽・禮儀部・神主》引《五經異義》作「民
　　俗」〔註246〕。《駁五經異義》亦作「民俗」〔註247〕。中華本稱「原
　　作『氏浴』」，考淮南本實作「氏俗」，「俗」字，中華本校勘記誤作
　　「浴」，淮南本僅「民」誤「氏」。

〔註244〕王念孫《廣雅疏證》卷五上，《叢書集成初編》第 1163 冊，頁 523。

〔註245〕段玉裁《說文解字注》一篇上，頁 10 上欄。

〔註246〕李昉等撰《太平御覽》卷五三一，頁 2411 上欄。

〔註247〕許慎撰，鄭玄駁，王復輯，武億校《駁五經異義補遺》，《叢書集成初編》第
　　　　239 冊，頁 28。

③校勘記中有訛字

此處所指的訛字是指中華本所出校記中的字與原文所用字的不契合之處，往往表現爲校勘記中出現訛字。例如：

卷一一《崩薨·論含斂》：人死必沐浴於中霤何？示潔淨反本也。《禮·檀弓》曰：「死於牖下，沐浴於中霤，飯唅於牖下，小斂於戶內，大斂於阼階，殯於客位，祖於庭，葬於墓。所以即遠也。」奪孝子之恩以漸也。

疏證：《禮記·喪大記》云：「管人汲，不說繘，屈之，盡階不升堂，授御者。御者入浴，小臣四人抗衾……抵**用浴**衣，如它日。小臣爪足，浴餘水棄於坎。」

中華本校勘記：「抵」下原脫「**用俗**」二字，據《禮記·喪大記》補。（第547頁）

按：「用浴」二字，與《禮記·喪大記》合〔註248〕。中華本所補，良是，但校記中「浴」誤「俗」。

④所稱據以校改的出處誤

中華本校勘記往往稱「據……改」，筆者發現，有時，其所出校文字，實非源於其所稱「據……改」，言非其實。例如：

卷五《誅伐·論復仇》：故曰：「父之仇不與共天下，兄弟之仇不與共國，朋友之仇不與同朝，族人之仇不共鄰。」故《春秋傳》曰：「子不復仇非子。」子夏曰：「居兄弟之仇如之何？仕不與共國，銜君命遇之不鬪。」

疏證：《曲禮》疏引《五經異義》：「《公羊》說，復百世之仇。古《周禮》說，復仇可盡五世之內，五世之外，施之於彼則無罪，施之於己則無義。所復者**惟謂**殺者之身，乃在被殺者子孫，可盡五世得復之。謹案：魯桓公爲齊襄公所殺，其子莊公與**齊桓公**會，《春秋》不譏。又定公是魯桓公九世孫，孔子相定公會齊侯於夾谷，是不復百世之仇也」。鄭氏無駁。

中華本校勘記：「復者」下原脫「惟謂」二字，「魯桓」下原脫「公」字，據《禮記·曲禮》疏補。（第220～221頁）

按：考《駁五經異義補遺》引《異義》云：「《公羊》說，復百世之讎，古《周禮》說，復讎可盡五世之內，五世之外，施之於己則無義，

〔註248〕孔穎達《禮記正義》卷四四，阮元校刻《十三經注疏》本，頁1576上欄。

施之於彼則無罪。所復者謂殺者之身，乃在被殺者子孫，可盡五世得復之。謹案：魯桓公爲齊襄公所殺，其子莊公與齊桓公會，《春秋》不譏，又定公是魯桓公九世孫，孔子相定公與齊會於夾谷，是不復百世之讎也。從《周禮》說。」注云：「按《周禮·調人》疏，《禮記·曲禮》正義并引此條。」〔註249〕考《曲禮》疏引《五經異義》云：「《公羊》說，復百世之讎，古《周禮》說，復讎之義不過五世。許慎謹案：魯桓公爲齊襄公所殺，其子莊公與齊桓公會，《春秋》不譏。又定公是魯桓公九世孫，孔子相定公與齊會於夾谷，是不復百世之讎也。」〔註250〕於此所據文獻，並無「所復者惟謂殺者之身，乃在被殺者子孫」等文句。又，考《周禮·調人》疏引《五經異義》云：「古《周禮》說，復讎可盡五世，五世之內，五世之外，施之於己則無義，施之於彼則無罪。所復者惟謂殺者之身，乃在被殺者子孫，可盡五世得復之。」〔註251〕顯然，中華本校勘記所稱補「惟謂」二字，實出自《周禮·調人》疏，而非《曲禮》正義。王復所輯此條目乃糅合《周禮·調人》疏與《禮記·曲禮》正義而成文。

（三）標點斷句方面

關於中華本標點施誤的情況，本文將在附錄中列出，此僅各舉一則文例予以說明。

1. 引文分割失當例

卷一《爵·論制爵五等三等之異》：小者不滿爲附庸。附庸者，附大國以名通也。

疏證：孔氏廣森《經學卮言》云：「不達於天子者，《春秋》所謂『未能以其名通也』。」《繁露·爵國》篇曰：「附庸字者方三十里，名者方二十里，人氏者方十五里。」《書大傳》曰：「古者諸侯始受封，則有采地。百里諸侯以三十里，七十里諸侯以二十里，五十里諸侯以十五里。其後子孫雖有罪黜，其采地不黜，使其子孫賢者守之，世世以祠其始受封之人。此之謂興滅國，繼絕世。」昔齊人

〔註249〕許慎撰，鄭玄駁，王復輯，武億校《駁五經異義補遺》，《叢書集成初編》第239冊，頁8-9。
〔註250〕孔穎達《禮記正義》卷三，阮元校刻《十三經注疏》本，頁1250下欄。
〔註251〕賈公彥《周禮注疏》卷一四，阮元校刻《十三經注疏》本，頁732下欄。

滅紀，紀季以酅爲齊附庸。酅者，紀之采也。然則附庸多亡國之後，先世有功德者，故追錄之，使世食其采，以臣屬於大國。<u>王三十里者</u>，其先公侯也。二十里者，其先伯也。十五里者，其先子男也。<u>董仲舒</u>正與《書傳》相合。（第 11 頁）

按：陳立所引《春秋》、《春秋繁露》、《尚書大傳》以及下案語皆出自孔廣森《經學巵言》〔註252〕。唯「繁露」下，陳立引時增「爵國篇」三字。「三十里者」上，陳立引時增「王」字。又，「董仲舒」下，脫「說」字。其餘皆與孔廣森《經學巵言》合。此處陳立引文，中華本標點誤。《繁露》與《書大傳》文皆屬於孔廣森引文。下「昔齊人滅紀」至句末「《書傳》相合」非陳立案語，而是孔廣森案語。那麼，此處正確的標點爲：孔氏廣森《經學巵言》云：「不達於天子者，《春秋》所謂『未能以其名通也』。《繁露·（爵國）篇》曰：『附庸，字者方三十里，名者方二十里，人氏者方十五里。』《書大傳》曰：『古者諸侯始受封則有采地。百里諸侯以三十里，七十里諸侯以二十里，五十里諸侯以十五里。其後子孫雖有罪黜，其采地不黜，使其子孫賢者守之，世世以祠其始受封之人。此之謂興滅國，繼絕世。』昔齊人滅紀，紀季以酅爲齊附庸。酅者，紀之采也。然則附庸多亡國之後，先世有功德者，故追錄之，使世食其采，以臣屬於大國。（王）三十里者，其先公侯也。二十里者，其先伯也。十五里者，其先子男也。董仲舒【說】正與《書傳》相合。」

2. 破句例

卷二《號·論三皇五帝三王五伯》：五霸者，何謂也？昆吾氏、大彭氏、豕韋氏、齊桓公、晉文公是也。

疏證：閻氏若璩《釋地三續》云「<u>崑山顧亭林言五霸有二，有三代之五霸，杜元凱注《左傳》成二年者，是有春秋之五霸。趙臺卿注《孟子》，五霸者，是孟子止就東周之後言之</u>，而以桓爲盛，如嚴安所謂『周之衰，三百餘歲而五霸更起』者也。然亭林欲去宋襄而進勾踐，亦未允。襄雖未成霸，然當時以其有志承桓，故并數爲五，有是稱謂云爾。豈唯趙氏，即董仲舒亦云然矣。仲舒云：『仲尼之

〔註252〕孔廣森《經學巵言》，《皇清經解》第 4 冊，頁 839 中欄。

門，五尺之童羞稱五霸。』夫唯宋襄輩在仲尼之前，故言羞稱。不然，勾踐之霸，且不出仲尼後哉？」（第60～61頁）

按：「顧亭林」，原作「顧寧人炎武」。又，「五霸」，原作「五伯」。又，「五霸者」之「者」，當爲「也」。又，「句踐之霸」之「之」字，當爲「也」。又，「羞稱五霸」上，脫「皆」字。陳立節引《四書釋地三續》文〔註253〕，「崑山顧亭林言五霸有二」至「孟子止就東周之後言之」諸句，中華本讀破句，「是有春秋之五霸」之「是」，當屬上讀；又，「是孟子止就東周之後言之」之「是」，當屬上讀。又，「孟子止就」上，有「今焦註竝列二說而無折衷非是當止存趙註蓋」十九字，故此應表示節引。此文正確的標點應爲：閻氏若璩《釋地三續》云：「<u>崑山顧亭林言五霸有二：有三代之五霸，杜元凱注《左傳》成二年者是；有春秋之五霸，趙臺卿注《孟子》五霸（者／章）是。</u>」「<u>孟子止就東周之後言之</u>，而以桓爲盛，如嚴安所謂『周之衰，三百餘歲而五霸更起』者也。然亭林欲去宋襄而進勾踐，亦未允。襄雖未成霸，然當時以其有志承桓，故并數爲五，有是稱謂云爾。豈唯趙氏，即董仲舒亦云然矣，仲舒云：『仲尼之門，五尺之童，【皆】羞稱五霸。』夫唯宋襄輩在仲尼之前，故言羞稱。不然，勾踐（之／也）霸，且不出仲尼後哉？」

3. 標號失當例

卷二《五祀・總論五祀》：五祀者，何謂也？謂門、戶、井、竈、中霤也。所以祭何？人之所處出入，所飲食，故爲神而祭之。

疏證：《御覽》引鄭駁《異義》云：「王爲羣姓立七祀，一曰司命……二曰中霤，主宮室居處也。三曰門。四曰戶，主出入。五曰國行，主道路。六曰太厲，主殺。七曰竈，主飲食。」（第77頁）

按：「駁《異義》」，乃鄭玄《駁五經異義》之省稱，是《太平御覽》引書習慣，中華書局印本標號誤，此當標爲「《駁異義》」。

三、小結

1994年，中華本《白虎通疏證》作爲《新編諸子集成》的一種出版發行，爲讀者閱讀和查閱此書提供了很多便利。

〔註253〕閻若璩《四書釋地三續》，《皇清經解》第1冊，頁119中欄。

　　誠然，吳則虞先生與沈嘯寰先生在點校整理方面取得了很多方面的成績，但依然存在一些問題，如底本選擇並非善本，沿襲底本之誤，又新增訛誤，尤其表現爲篇章錯亂等等，在一定程度上影響了讀者對《白虎通疏證》的閱讀與使用，尤其是讀者在篤信中華書局出版社所出版圖書質量的情況下，徵引頗多，致使一些錯誤又繼續傳播。另外，作爲點校本，如上文所述在施標點與錄校記方面也存在諸多方面的問題。所以，《白虎通疏證》亟待有關專家學者重新整理。

第三章 《白虎通疏證》的體例與成績

第一節 體例

陳立據盧文弨抱經堂本《白虎通》及莊述祖輯《闕文》,「欲疏其指受,證厥源由,暢隱抉微」〔註1〕,成《白虎通疏證》十二卷,四十四篇(含《闕文》)。

一、卷、篇目之體例

(一)卷數

在卷數上,《白虎通》在流傳過程中著錄不一,莊述祖《白虎通義攷》已經詳細論述了《白虎通》卷帙的情況〔註2〕。抱經堂本《白虎通》分作第一卷、第一卷下、第二卷,第二卷下,第三卷、第三卷下,第四卷、第四卷下。陳立據抱經堂本作疏解時重新設計整合,將其創造性地分爲十一卷,四十三篇,連同莊述祖所輯《闕文》,則爲十二卷,四十四篇。

(二)篇目

在篇目上,陳立基本上依據抱經堂本《白虎通》,而抱經堂本《白虎通》又據莊述祖所定。《〈白虎通〉讎校所据新舊本并校人姓名》「陽湖莊述祖葆琛校」,盧文弨注:「《攷》及《目錄》、《闕文》皆所定。」〔註3〕而莊述祖《白虎通義

〔註1〕陳立《白虎通疏證》,《皇清經解續編》第5冊,頁497。

〔註2〕莊述祖《白虎通義攷》,附於盧校本《白虎通》,《叢書集成初編》第238冊,頁4。

〔註3〕盧文弨《〈白虎通〉讎校所据新舊本并校人姓名》,附於盧校本《白虎通》,《叢書集成初編》第238冊,頁1。

攷》認爲：「《爵》、《號》以至《嫁娶》，皆後人編類，非其本眞矣。」〔註4〕陳立《疏證》不是循規蹈矩，而是融入了新的理念，主要表現在四個方面：

1. 細目編排

在細目編排上，抱經堂本《白虎通・目錄》詳列篇名，次細目，並言其總細目數。而陳立則將細目列入正文，每一篇末皆詳列所論內容的細目，「若抱經堂本章名首字有『論』、『釋』，『總論』，『詳論』者，則陳立本加一『右』字；若抱經本無以上字首者，則陳立本冠以『右論』二字，以示區別細目，此亦是陳立從抱經本分細目之慣例」〔註5〕。

2. 細目數量

在細目數量上，雖然抱經堂本《白虎通》四十三篇（不計《闕文》）三百一十一章，陳立《疏證》作四十三篇（不計《闕文》），三百一十章（含重複《總論性情》之細目），其不同表現在細目分合上，比之抱經堂本，合的地方有：陳立將《爵》篇《制爵三等五等之義》與《內爵》二目合爲《制爵五等三等之異》一目，且將《嫁娶》篇《授綏親迎辭》與《父醮子辭》二目合爲《授綏親迎醮子辭》一目，又將《大夫受封不更聘》與《世子與君同禮》二目合爲《大夫受封不更聘及世子與君同禮》一目。同時，分的地方有：《情性》篇重複《總論性情》一目，又於《崩薨》篇立《葬北首》一目，所以在細目總數上，陳立少一目。

臺灣周德良博士論文《〈白虎通〉研究──〈白虎通〉暨〈漢禮〉考》云：「抱經本《白虎通》共四十三篇，凡三百一十一章，陳立本則四十三篇，三百零八章，（含重複《總論性情》二細目）兩本相差四章。」〔註6〕所述不確。

3. 細目命名

在細目命名上，臺灣周德良博士論文《〈白虎通〉研究──〈白虎通〉暨〈漢禮〉考》詳細列出抱經堂本《白虎通》與陳立《白虎通疏證》之細目差異表〔註7〕，據統計，有四十八項細目稍有差異。《白虎通疏證》還有一處文獻沒有設置細目，即「夏曰夏臺，殷曰羑里，周曰圜圄。古者刑殘之人，公家不出，大夫

〔註4〕莊述祖《白虎通義攷》，附於盧校本《白虎通》，《叢書集成初編》第238冊，頁4。
〔註5〕周德良《〈白虎通〉研究──〈白虎通〉暨〈漢禮〉考》，臺灣國立中央大學2004年博士論文，頁16。
〔註6〕周德良《〈白虎通〉研究──〈白虎通〉暨〈漢禮〉考》，臺灣國立中央大學2004年博士論文，頁18。
〔註7〕周德良《〈白虎通〉研究──〈白虎通〉暨〈漢禮〉考》，臺灣國立中央大學2004年博士論文，頁16-17。

不養，士與遇路不與語，放諸境堆不毛之地，與禽獸爲伍」〔註8〕。此文附《五刑・論刑不上大夫》篇末，乃盧文弨所輯，陳立爲之疏證，但無目名。

4. 細目次序

在細目次序上，《〈白虎通〉研究──〈白虎通〉暨〈漢禮〉考》指出「《誅伐》『復讎』，『總論誅討征伐之義』，『冬至休兵』三章，陳立本之細目雖依抱經本，但文本次序調整爲『冬至休兵』，『復仇』，『總論誅討征伐之義』。」〔註9〕

二、作者、書名體例

（一）作者體例

陳立在疏解《白虎通》時，凡是遇到作者，除了常規的「姓」，如「鄭」、「班」、「虞」、「包」等等。「姓＋名」，如「蔡邕」、「董仲舒」、「賈逵」、「皇侃」等等。「姓＋氏」，如「何氏」、「馬氏」、「鄭氏」等等。「姓＋氏＋名」，如「顧氏炎武」、「段氏玉裁」、「閻氏若璩」、「王氏鳴盛」等等。特別的有「姓＋敬稱」，如「董子」、「孫子」等等。還有「尊稱＋姓＋氏＋名」，是陳立對其老師的尊稱，如「師凌氏曙」。「姓＋尊稱＋名」，亦是陳立對其老師的尊稱，如「凌先生曙」。

（二）書名體例

陳立疏解《白虎通》時，其所徵引典籍的名號，也有其獨特之處，主要表現在以下方面：

1. 直錄書名

陳立稱引「書名」、如《廣韻》、《史記》、《孝經》、《公羊傳》等等。只舉稱書名，這種徵引文獻的方式，倘若不利用電子檢索，要找到引文所在的具體篇章是比較困難的。

2. 直錄篇名

陳立引典籍稱引「篇名」，倘若是一本書獨有的可以得知具體來源文獻，方便查檢。如《禮運》、《曲禮上》、《司儀》等，但是，倘若遇到一篇目可以出現在不同的書中，就給讀者檢索帶來了不便。如《釋詁》、《食貨志》、僖九年、桓九年等等。

〔註8〕陳立《白虎通疏證》卷九，《皇清經解續編》第5冊，頁562上欄。
〔註9〕周德良《〈白虎通〉研究──〈白虎通〉暨〈漢禮〉考》，臺灣國立中央大學2004年博士論文，頁18。

3. 書名＋篇名

倘若徵引文獻既有書名又有篇名，是最好的，這樣可以方便讀者查檢。如陳立所引《爾雅·釋言》、《廣雅·釋言》、《繁露·察名號》篇等等。

4. 偽＋書名

陳立徵引文獻「偽＋書名」的格式，指出書籍的性質，如，偽孔《書傳·序》、偽孔傳、偽古文《仲虺之誥》、偽孔《周官》傳等等。

5. 書名＋引＋書名

陳立疏解《白虎通》時二次徵引文獻的比例很大，其徵引作「書名＋引＋書名」的，如，《初學記》引《義綱》、《意林》引《新論》、《御覽》引《司馬法》、《一切經音義》引《字林》、《北堂書鈔》引《五經異義》、《類聚》引《通義》等等。這種格式在文本中俯拾即是，倘若不利用電子檢索，查檢核對文獻是比較困難的。

6. 書名＋引＋篇名

陳立引作「書名＋引＋篇名」的格式，如，《路史》注引《尚書中候·考河命》、《御覽》引《保乾圖》、《墨子》引《湯誓》等等。這種徵引格式，有利於查閱第一手資料，但是其所據第一本書徵引，具體哪一篇章引用，卻不容易查找到。

7. 篇名＋引＋書名

陳立引「篇名＋引＋書名」的格式，如，《大司樂》疏引《元命苞》、《大雅》疏引《異義》、《祭法》正義引《五經異義》、《玉藻》正義引《五經異義》、《曲禮》疏引《石渠論》等等，這種明確篇章的方式，相對給讀者查檢帶來了方便，但倘若再去校核第一手徵引文獻又很困難。

9. 篇名＋引＋篇名

陳立引典籍之「篇名＋引＋篇名」的格式，如，《封公侯》篇引《別名記》、《昏禮》注引《曲禮》、《王莽傳》引《虞書》等等。這種徵引二次文獻的格式有利於查閱文獻，但在文本中不多見。

10. 書名＋篇名＋引＋書名

陳立引典籍之「書名＋篇名＋引＋書名」的格式，如，《爾雅·釋文》引《世本》、《禮·月令》引《孝經緯》、《後漢·張純傳》引《禮·稽命徵》、《北史·劉芳傳》引《五經通義》等等。這種二次徵引文獻的格式，不利於查閱第一手資料。

11. 書名＋篇名＋引＋篇名

陳立引典籍之「書名＋篇名＋引＋篇名」的格式，如，《漢書・律曆志》引《伊訓》篇、《毛詩・閟宮》正義引《禘祫志》、《史記・樂書》引《樂記》等等。這種二次徵引文獻的格式有利於查閱文獻，但在文本中不多見。

三、引文體例

陳立疏解《白虎通》時徵引了大量典籍，這些典籍涉及經、史、子、集各部文獻。對讀者而言，總是希望所徵引文獻與原文一致，但是，陳立當時讀書治學的條件不如現今便捷，字字句句，完全吻合，似乎是不可能的，所以，在這方面不能苛求前輩，那麼，《白虎通疏證》所徵引文獻的特點就表現爲直引、節引、意引、改字、增字、省字方面。現依《皇清經解續編》本標注頁碼，舉例論說。

（一）直引

直引指的是直接引用典籍原文，字、詞、句完全與原徵引文獻相同。陳立所徵引的典籍文獻，大部分是直接引用的。例如：

卷一《爵・論制爵五等三等之異》：殷家所以令公居百里，侯居七十里，何也？封賢極於百里，其改也，不可空退人，示優賢之意，欲襃尊而上之。

疏證：《王制》：「州建百里之國三十，七十里之國六十，五十里之國百有二十。」注：「立大國三十，十三公也。立次國六十，十六卿也。立小國百二十，十二小卿也。」《孟子》云：「天子之卿受地視侯，大夫受地視伯。」以此推之，知天子之上公視公。然則公大國百里，侯次國七十里，伯小國五十里矣。（第 500 頁上欄）

按：陳立所引《王制》及鄭注，皆與《禮記・王制》同〔註 10〕。陳立所引《孟子》，亦與《孟子・萬章下》合〔註 11〕。

（二）意引

意引指的是徵引文獻時，爲節省篇幅，對原徵引文獻作歸納概括的處理，只是舉稱其大義。例如：

卷二《號・論三皇五帝三王五伯》：或曰：五霸，謂齊桓公、晉文公、秦

〔註10〕孔穎達《禮記正義》卷一一，阮元校刻《十三經注疏》本，頁 1323 中欄。
〔註11〕孫奭《孟子注疏》卷一〇上，阮元校刻《十三經注疏》本，頁 2741 中欄。

穆公、楚莊王、吳王闔閭也。霸者、伯也。行方伯之職，會諸侯朝天子，不失人臣之義。故聖人與之。

疏證：莊三十年「齊人降鄣」，傳：「紀之遺邑也。不言取，爲桓公諱也」。（第506頁下欄）

按：《春秋‧莊公三十年》：「秋，七月，齊人降鄣。」《公羊傳》：「鄣者何，紀之遺邑也。降之者何？取之也。取之，則曷爲不言取之？爲桓公諱也。」〔註12〕「降之者何？取之也。取之，則曷爲不言取之」，此十六字爲《公羊傳》典型的問答體結構形式，以表明微言大義。陳立歸納概括之，以「不言取」三字代原文十六字，概括文義。

（三）節引

節引指的是在徵引文獻時，陳立不是全部照抄照搬，而是選擇對原文疏證有價值的部分以證成文義。這種節引，既節省篇幅，避免枝節，又不會造成語義未備，亦不是脫文。陳立疏解時常常對文獻作節引處理。例如：

1. 句中節略

卷一《爵‧論王者太子稱世》：王者太子亦稱士何？舉從下升，以爲人無生得貴者，莫不由士起。是以舜時稱爲天子，必先試於士。《禮‧士冠經》曰：「天子之元子，士也。」

疏證：《王制》云：「諸侯世子世國，未賜爵，視天子之元士，以君其國。」天子諸侯之制同，已成君，未賜爵，猶同於士，則未稱君者亦稱士明矣。（第500頁下欄）

按：考《禮記‧王制》云：「諸侯世子世國。大夫不世爵，使以德，爵以功。未賜爵，視天子之元士，以君其國。」〔註13〕於此「大夫不世爵，使以德，爵以功」十一字，不是脫文，而是陳立疏證時有意省略之文字，此段文字主要論述「王者太子稱士」，「大夫不世爵」與《白虎通》原文無關，因此省略。

2. 句末節略

卷一《爵‧論婦人無爵》：故夫尊於朝，妻榮於室，隨夫之行。故《禮‧郊特牲》曰：「婦人無爵，坐以夫之齒。」

〔註12〕徐彥《春秋公羊傳注疏》卷九，阮元《十三經注疏》本，頁2241下欄。
〔註13〕孔穎達《禮記正義》卷一三，阮元《十三經注疏》本，頁1348中欄

疏證：《通典》引《五經（異／通）義》云：「婦人以隨從爲義，故夫貴
　　　於朝，妻榮於室。」（第 501 上欄）

按：《通典・禮・凶・皇后謚及夫人謚議》引《五經通義》云：「婦人以
　　隨從爲義，夫貴於朝，婦貴於室，故得蒙夫之謚。」〔註 14〕此
　　小節，陳氏主要論證「婦人無爵」，不涉及「婦人無謚」的問題，
　　故未引全句內容。而下文《白虎通・謚・論無爵無謚》「夫人無謚
　　者何？無爵，故無謚」〔註 15〕，陳立引《通典》引《五經通義》爲
　　之疏解，則以「故得蒙夫之謚」句絕。

3. 減略枝蔓

卷二《號・論三皇五帝三王五伯》：楚勝鄭，而不告從，而攻之，又令還
師，而佚晉寇。圍宋，宋因而與之平，引師而去。知楚莊之霸也。

疏證：《公羊》宣十二年傳「莊王伐鄭，勝（於／乎）皇門，放（於／乎）
　　　路衢。鄭伯肉袒，左執茅旌，右執鸞刀」，「莊王親自手旌，左右
　　　撝軍，退舍七里。子重諫曰：『今君勝鄭而不有，無乃失臣民（民
　　　臣）之力乎？』莊王曰：『君子篤於禮【而】薄於利，要其人而不
　　　要其土，告從，不赦不（祥／詳）。』」案此用《公羊》義，當云
　　　「楚勝鄭而不有，從而赦之」。「告」與「攻」字，疑誤也。（第 506
　　　頁下欄～第 507 頁上欄）

按：考《公羊傳・宣公十二年》下有「莊王伐鄭，勝乎皇門，放乎路衢。
　　鄭伯肉袒，左執茅旌，右執鸞刀，以逆莊王，曰：『寡人無良，邊垂之
　　臣。以干天禍，是以使君王沛焉，辱到敝邑，君如矜此喪人，錫之不
　　毛之地，使帥一二耋老而綏焉，請唯君王之命。』莊王曰：『君之不令
　　臣交易爲言，是以使寡人得見君之玉面而微至乎此。』莊王親自手旌，
　　左右撝軍，退舍七里。將軍子重諫曰：『南郢之與鄭，相去數千里，諸
　　大夫死者數人，廝役扈養死者數百人，今君勝鄭而不有，無乃失民臣
　　之力乎？』莊王曰：『古者杅不穿，皮不蠹，則不出於四方。是以君子
　　篤於禮而薄於利。要其人而不要其土，告從，不赦不詳。」〔註 16〕

〔註14〕 杜佑撰，王文錦、王永興、劉俊文、徐庭雲、謝方點校《通典》卷一○四，
　　　　頁 2713。

〔註15〕 陳立《白虎通疏證》卷二，《皇清經解續編》第 5 冊，頁 508 中欄。

〔註16〕 徐彥《春秋公羊傳注疏》卷一六，阮元校刻《十三經注疏》本，頁 2284 下欄
　　　　-2285 上中欄。

陳立只是引第一句敘述事由，其他細節皆節略。又，「子重諫」與「莊王」之語，亦保留重要文字，減省枝蔓。陳立引此文旨在證明《白虎通》原文「楚勝鄭，而不告從，而攻之」，用《公羊》義，當云「楚勝鄭而不有，從而赦之」。故節引來龍去脈，而減省了細枝末節。

（四）合引

合引指的是在徵引文獻時，爲了說明一個問題，徵引有價值的語言材料，而這些材料或來源於同一部書的不同位置，或是分屬於不同的書。陳立疏解時還是有這方面的表現的。例如：

1. 合引相關文字，共用一注

卷一〇《嫁娶·論王后夫人》：天子之妃謂之后何？后者，君也。天子妃至尊，故謂后也。明配至尊，爲海內小君，天下尊之，故繫王言之，曰王后也。《春秋傳》曰：「迎王后於紀。」

 疏證：《禮記·曲禮》云：「天子之妃（謂之／曰）后。」又云：「天子有后」，注：「后之言後也。」言以陰從陽，後於天子也。（第568頁中欄）

 按：《禮記·曲禮下》云「天子之妃曰后」，鄭玄注：「后之言後也。」〔註17〕又，《禮記·曲禮下》云：「天子有后，有夫人，有世婦，有嬪，有妻，有妾。」〔註18〕陳立將非出自同一卷的相關文字合引共用一注文，來證明《白虎通》原文。

2. 文不同處的合引

卷九《五經·論孝經論語》：已作《春秋》，復作《孝經》何？欲專制正。

 疏證：《公羊序》……哀十四年疏引《孝經說》云「某以匹夫徒步以制正法」，「《春秋》屬商，《孝經》屬參」。（第562頁中欄）

 按：「某以匹夫徒步以制正法」，爲《公羊傳·哀公十四年》徐彥疏引《孝經說》文。考《公羊傳·哀公十四年》「春西狩獲麟……」，《公羊傳》「麟者，仁獸也，有王者則至」，何休注：「上有聖帝明王，天下大平，然後乃至，《尚書》曰：『簫韶九成，鳳皇來儀，擊石拊石，百獸率舞。』《援神契》曰：『德至鳥獸，則鳳皇朔，麒麟

〔註17〕孔穎達《禮記正義》卷五，阮元校刻《十三經注疏》本，頁1267上欄。
〔註18〕孔穎達《禮記正義》卷四，阮元校刻《十三經注疏》本，頁1261上欄。

臻。』」徐彥疏：「故《孝經說》云：『丘以匹夫徒步以制正法。』是其賤者獲麟，兼爲庶人做法之義也。」〔註19〕又，「《春秋》屬商，《孝經》屬參」，亦是《公羊傳・哀公十四年》徐彥疏引《孝經說》文。考《公羊傳・哀公十四年》：「子路死，子曰：噫，天祝予。」何休注：「祝，斷也。天生顏淵、子路爲夫子輔佐，皆死者，天將亡夫子之証。」徐彥疏：「若欲以理言之，則四科十人，游夏之徒，皆爲夫子之輔佐。故《孝經說》云：『《春秋》屬商，《孝經》屬參。』是也。今特言二人者，以其先卒故也。良輔之內，二人先死，亦非祐助之義。故曰『將亡夫子之証』。」〔註20〕「某以匹夫徒步以制正法」與「《春秋》屬商，《孝經》屬參」二句，文不同處，陳立疏解時，將《公羊傳》徐彥疏引《孝經說》文合引。

（五）改字

改字指的是對徵引文獻的字的改動，多不影響文義的理解。或同義詞互換，或古今字、異體字、區別字的互換，或虛字的改換等等。陳立疏解時的表現有：

1. 爲疏解明確而改字

陳立常常改動原徵引文獻的少數文字，以求文義簡潔明瞭。例如：

卷二《五祀・論祭五祀順五行》：故春即祭戶。戶者，人所出入，亦春萬物始觸戶而出也。

疏證：《獨斷》云：「戶，春爲少陽，其氣始出生養，祀之於戶。**其禮**，南面設主於門內之西。」（第 509 頁上欄）

按：「其禮」，《獨斷》作「祀戶之禮」〔註21〕。陳立用「其」字，代替「祀戶之」三字，言簡意賅。陳立對下文「夏祭竈」作疏解時，亦引《獨斷》，用「其禮」代「祀竈之禮」。又疏解「秋祭門」時，又引《獨斷》，用「其禮」代「祀門之禮」。陳立爲使文義明瞭，有意改字，用語統一，言簡意賅。

2. 改同義詞

同義詞指的是不直接引用文獻的原字，而是換用了同義詞的現象。例如，

〔註19〕徐彥《春秋公羊傳注疏》卷二八，阮元校刻《十三經注疏》本，頁 2352 下欄。
〔註20〕徐彥《春秋公羊傳注疏》卷二八，阮元校刻《十三經注疏》本，頁 2353 中欄。
〔註21〕蔡邕撰《獨斷》卷上，《四部叢刊三編》第 32 冊，頁 10，A 面。

「代」與「更」，「以」與「用」的同義互換。

（1）以一用

卷六《巡狩‧論諸侯待於竟》：王者巡守，諸侯待於竟者何？諸侯以守蕃爲職也。《禮‧祭義》曰「天子巡守，諸侯待於境」也。

疏證：《郊特牲》亦云：「諸侯膳<u>以</u>犢。」注：「犢者，誠愨未有牝牡之情。」（第540頁中欄）

按：「以」，《禮記‧郊特牲》作「用」〔註22〕。《說文‧巳部》：「，用也。從反巳，賈侍中說，己意巳實也。象形。」段玉裁注云：「今字皆作以，由隸變加人於右也。」〔註23〕《玉篇‧人部》：「以，余止切，用也。與也。爲也。古作。」〔註24〕「以」，訓爲「用」。陳立因二字同義改字。

（2）用一以

卷一二《闕文‧宗廟》：《論語》云：「哀公問主於宰我，宰我對曰：『夏后氏以松，松者，所以自竦動。殷人以柏，柏者，所以自迫促。周人以栗，栗者，所以自戰慄。』」亦不相襲。

疏證：《祭法》正義引《五經異義》云：「今《春秋公羊》說，夏后氏以松，殷人以柏，周人以栗。古《周禮》說，虞主用桑，練主用栗。無夏后以松爲主之事。」（第581頁上欄）

按：「練主用栗」，《禮記‧祭法》孔疏引作「練主以栗」〔註25〕。陳立將「以」改作「用」字。可見，因二字同義，常常被互換。

3. 改換介詞

介詞「于」與「乎」，因具有相同的語法功能，在行文中是常常被混用的。陳立徵引的文獻存在大量類似的情況。例如：

卷二《號‧論三皇五帝三王五伯》：楚勝鄭，而不告從，而攻之，又令還師，而佚晉寇。圍宋，宋因而與之平，引師而去。知楚莊之霸也。（第506頁下欄～第507頁上欄）

〔註22〕孔穎達《禮記正義》卷二五，阮元校刻《十三經注疏》本，頁1444下欄。

〔註23〕段玉裁《說文解字注》卷一四下，頁746上欄。

〔註24〕顧野王《宋本玉篇》卷三，頁60。

〔註25〕孔穎達《禮記正義》卷四六，阮元校刻《十三經注疏》本，頁1589下欄。

疏證：《公羊》宣十二年傳「莊王伐鄭，勝于皇門，放于路衢。鄭伯肉袒，
　　　左執茅旌，右執鸞刀……」案此用《公羊》義，當云「楚勝鄭而
　　　不有，從而赦之」。「告」與「攻」字，疑誤也。

按：「勝于皇門，放于路衢」之二「于」字，《公羊傳・宣公十二年》作
　　「乎」〔註26〕。陳立徵引文獻時，凡遇「乎」、「于」，二字常常互換。

4. 改換副詞

「不」與「弗」，作為表達同一含義的否定副詞，在文獻中常常被置換使
用。陳立所徵引的文獻亦有之，例如：

卷九《五刑》：古者刑殘之人，公家不出，大夫不養，士與遇路不與語，
放諸境埖不毛之地，與禽獸為伍。

疏證：《禮記・王制》云：「刑人於市，與眾棄之。是故公家不畜刑人，大夫
　　　不養，士遇之塗，弗與言也……」亦今《禮》說也。（第562頁上欄）

按：「大夫不養」，《禮記・王制》作「弗」〔註27〕。「弗」、「不」，二字義
　　同，陳立改之。

5. 改通假字

在漢語漢字系統裡，通假字是個龐大的系統。古人在著書立說時，常常
會用到通假字，所以現在我們閱讀典籍，需要熟識通假字以通文義。陳立在
徵引文獻時，亦有常常使用通假字的情況。在《白虎通疏證》中，「修」與「脩」、
「說」與「脫」、「錫」與「賜」等通假字常常被置換使用。例如：

（1）否—不

卷一一《禮・曾子記》曰「大辱加於身，支體毀傷，即君不臣，士不交，
祭不得為昭穆之尸，食不得□昭穆之牲，死不得葬昭穆之域」也。

疏證：《通典》引劉智《釋疑》云：「問曰：『（骨肉昆弟／昆弟骨肉）以
　　　罪惡徒流死者，諸侯有服否？』答曰：『凡以罪惡徒者，絕之；國
　　　君於兄弟有罪者，亦絕也。』」（第573頁下欄）

按：「否」，《通典・禮・凶・罪惡絕服議》作「不」〔註28〕。「不」，通「否」，
　　為讀者易識，陳立徑改作「否」字。

〔註26〕徐彥《春秋公羊傳注疏》卷一六，阮元校刻《十三經注疏》本，頁2284下欄。
〔註27〕孔穎達《禮記正義》卷一一，阮元校刻《十三經注疏》本，頁1327下欄。
〔註28〕杜佑撰，王文錦、王永興、劉俊文、徐庭雲、謝方點校《通典》卷一〇一，
　　　頁2668。

（2）繁一蕃

卷四《五行・論人事取法五行》：不娶同姓何法？法五行異類乃相生也。

疏證：《左》僖二十三年云：「男女同姓，其生不**繁**。」（第 526 頁上欄）

按：「繁」，《左傳・僖公二十三年》作「蕃」，杜預注：「蕃，息也。」〔註
　　29〕《說文通訓定聲・乾部》云：「《小爾雅・廣詁》：『繁，多也。』
　　《廣雅・釋詁三》：『繁，眾也。』『系』與『每』，皆會眾多意，本
　　訓與『蕃』畧同。」〔註 30〕

6. 改古今字

漢字是表意文字，在漢字的發展過程中，爲了區別意義，而加以構字部
件成爲有區別意義的漢字。在《白虎通疏證》中，「昏」與「婚」、「執」與「贄」、
「取」與「娶」、「說」與「悅」等等古今字常常被陳立置換使用。在此舉一
例「孫」、「遜」古今字被互換使用的情況。

卷一一《崩薨・論崩薨異稱》：天子稱崩何？別尊卑，異死生也。

疏證：故隱三年「宋公和卒」，《公羊》注：「不言薨者，死當有（主／王）
　　　文，聖人之爲文詞遜順，不可言（薨／崩），故貶外言卒，所以褒
　　　內也。」（第 575 頁上欄）

按：「遜」，《公羊傳・隱公三年》何休注作「孫」〔註 31〕。孫、遜，古今
　　字。陳立以今字「遜」代「孫」字。

7. 改異體字

異體字指形體構造不同而字義相同的漢字。與原徵引文獻相比較，陳立
使用了很多異體字，有些異體字是爲了疏解《白虎通》原文所使用的字而出
現的。例如：

卷一《號・論三皇五帝三王五伯》：謂之堯者何？堯猶嶤嶤也。至高之貌。
清妙高遠，優游博衍，衆聖之主，百王之長也。

疏證：《說文》：「嶤，焦嶤，山高貌也」。（第 505 頁中欄）

按：《說文・山部》：「嶤，焦嶤，山高皃。从山，堯聲。」〔註 32〕「嶤」、

〔註 29〕孔穎達《春秋左傳正義》卷一五，阮元校刻《十三經注疏》本，頁 1815 下欄。
〔註 30〕朱駿聲《說文通訓定聲》第一四，《萬有文庫》本，頁 3005。
〔註 31〕徐彥《春秋公羊傳注疏》卷二，阮元校刻《十三經注疏》本，頁 2204 中欄。
〔註 32〕段玉裁《說文解字注》九篇下，頁 441。

「嶢」，異體字。陳立寫作「堯」，蓋爲與《白虎通》原文所用字同，以便於疏解。

8. 因避諱改字

卷九《五經‧論孝經論語》：已作《春秋》，復作《孝經》何？欲專制正。

疏證：《公羊序》……哀十四年疏引《孝經說》云「某以匹夫徒步以制正法」，「《春秋》屬商，《孝經》屬參」。（第 562 頁中欄）

按：「某」，《公羊傳‧哀公十四年》徐彥疏引《孝經說》文作「丘」，缺筆。考《公羊傳‧哀公十四年》「春西狩獲麟……」，《公羊傳》「麟者，仁獸也，有王者則至」，徐彥疏：「故《孝經說》云：『丘以匹夫徒步以制正法。』是其賤者獲麟，兼爲庶人做法之義也。」〔註 33〕陳立引時將「丘」改作「某」字。

9. 改訓詁術語

訓詁術語，如，考校術語「當爲」、「當作」、「或爲」、「或作」等等；釋義術語「曰」、「爲」、「之言」、「之爲言」等等；注音術語如「讀若」、「讀如」、「音」、「言之」等等，在徵引時往往被置換。陳立疏解時亦有對原徵引文獻所用的訓詁術語的改動。雖然在一定程度上不影響文義，但是還是改變了原徵引文獻的面貌。例如：

（1）謂之—曰

卷一〇《嫁娶‧論王后夫人》：天子之妃謂之后何？后者，君也。天子妃至尊，故謂后也。明配至尊，爲海內小君，天下尊之，故繫王言之，曰王后也。《春秋傳》曰：「迎王后於紀。」

疏證：《禮記‧曲禮》云：「天子之妃<u>謂之后</u>。」（第 568 頁中欄）

按：「謂之」，《禮記‧曲禮下》作「曰」字〔註 34〕。陳立改換釋義術語。

（2）之言—之爲言

卷一一《崩薨‧論贈襚賻賵》：賻賵者，何謂也？賻者，助也。

疏證：《御覽》引《說題詞》云「賻<u>之言</u>助也」，「貨財曰賻」。（第 577 頁上欄）

〔註 33〕徐彥《春秋公羊傳注疏》卷二八，阮元校刻《十三經注疏》本，頁 2352 下欄。
〔註 34〕孔穎達《禮記正義》卷五，阮元校刻《十三經注疏》本，頁 1267 上欄。

按：「之言」，《太平御覽・禮儀部・賵》引作「之爲言」。考《太平御覽・禮儀部・賵》引《春秋說題辭》：「知生則賻。知死則賵。賻之爲言助也。賵之爲言覆也。輿馬曰賵。貨財曰賻……」〔註35〕陳立改換釋義術語。

（3）曰一爲

卷一二《闕文・田獵》：王者祭宗廟，親自取禽者何？尊重先祖，必欲自射，加功力也。

疏證：《王制》：「天子諸侯無事，則歲三田，一曰乾豆，二曰賓客，三曰充君之庖。」（第 583 頁中欄）

按：三「曰」字，《禮記・王制》作「爲」〔註36〕。陳立改換釋義術語。

（六）增字

增字指的是對所引文獻增加文字的現象，多表現在「也」、「矣」、「爲」等虛字被增加的現象。陳立在行文中有很多增加虛字的情況，此外，亦有爲疏解的需要在引文中增加漢字的情況。主要表現有：

1. 據原文而增字

陳立在疏證中，爲了求得與《白虎通》原文的一致，在引文中亦改造原徵引文獻，使之能更好的證成文義。例如：

卷一一《崩薨・論贈襚賵賻》：贈襚者，何謂也？贈之爲言稱也。玩好曰贈。

疏證：《御覽》引《說題詞》云「玩好曰贈。決其意也」，「贈之爲言稱也」。（第 577 頁上欄）

按：「贈之爲言稱」，《太平御覽・禮儀部・賵》引作「贈稱也」。考《太平御覽・禮儀部・賵》引《春秋說題辭》：「知生則賻。知死則賵。賻之爲言助也。賵之爲言覆也。輿馬曰賵。貨財曰賻。玩好曰贈。決其意也。衣被曰襚，養死具也。贈，稱也。襚，遺也。」〔註37〕陳立蓋據《白虎通》原文之「贈之爲言稱也」，引文時增加訓詁術語「之爲言」。

2. 為疏解行文的統一而增字

陳立所使用的疏解語言有其自己的特點，爲了求得整個疏解的簡潔明瞭

〔註35〕李昉等撰《太平御覽》卷五五〇，頁 2490 下欄。
〔註36〕孔穎達《禮記正義》卷一二，阮元校刻《十三經注疏》本，頁 1333 中欄。
〔註37〕李昉等撰《太平御覽》卷五五〇，頁 2490 下欄。

與句式統一，往往增字，致使所引文字與原徵引文獻不完全吻合。例如：

卷二《五祀・論祭五祀順五行》：冬祭井。井者，水之生藏在地中。冬亦水王，萬物伏藏。

疏證：《獨斷》云以行當井，謂「行，冬爲太陰，盛寒（爲／於）水，祀之於行。**其禮**，在廟門外之西，載壤厚二尺……輪四尺，北面設主於載上。」（第509頁上欄）

按：「其禮」二字，《獨斷》無此二字〔註38〕。蓋陳立爲與上文所疏解「春即祭戶」、「夏祭竈」、「秋祭門」時所引《獨斷》文用「其禮」二字同而增文。本文上「改字」之「爲疏解明確而改字」例已論說。

3. 爲明確文義而增字

陳立在引文時，爲了求得所引文字與所要證明的問題的相關性，而增加一些說明性文字，以便於讀者理解。例如：

卷九《姓名・論氏》：故《春秋》有王子瑕。《論語》有王孫賈，又有衛公子荊、公孫朝，魯有仲孫、叔孫、季孫，楚有昭、屈、景，齊有高、國、崔，以知其爲子孫也。

疏證：《左》疏引《世本》又云：「**高氏本**敬仲生莊子，莊子生傾子，傾子生宣子。」敬仲即高傒。又《禮》疏引《世本》云：「**國氏本**懿伯生貞孟，貞孟生成伯高父。」高、國所出，雖無考……（第556頁中欄）

按：「高氏本」，《左傳・襄公二十九年》疏引無此三字，考《左傳・襄公二十九年》杜預注：「敬仲，高傒。」孔穎達疏：「依《世本》敬仲生莊子，莊子生傾子，傾子生宣子，宣子生厚，厚生止，止是敬仲玄孫之子也。」〔註39〕又，「國氏本」，《禮記・檀弓上》疏引無此三字。考《禮記・檀弓上》疏：「夫齊有國子高，故知姓國，又見《齊世本》『懿伯生貞孟，貞孟生成伯高父』，國氏以此知也。」〔註40〕此二處增字，皆是陳立爲疏解「齊有高、國、崔，以知其爲子孫也」文，而故意增字，以明確文義。

〔註38〕蔡邕《獨斷》卷上，《四部叢刊三編》第32冊，頁10，A面。
〔註39〕孔穎達《春秋左傳正義》卷三九，阮元校刻《十三經注疏》本，頁2009上欄。
〔註40〕孔穎達《禮記正義》卷八，阮元校刻《十三經注疏》本，頁1292上欄。

4. 為補足人名而增字

一些人名，在原徵引文獻中，因為有上下文的關係不會造成歧解，但是，若是離開上下文被引用，則是要補足人名的，以免被誤解。例如：

卷九《五刑・論刑法科條》：科條三千者，應天地人情也。五刑之屬三千，大辟之屬二百，宮辟之屬三百，腓辟之屬五百，劓、墨辟之屬各千，張布羅眾，非五刑不見。

疏證：《孝經・五刑》篇：「**孔子**曰：『五刑之屬三千。』」（第 561 頁中欄）

按：《孝經・五刑》：「子曰：五刑之屬三千，而罪莫大於不孝。」〔註41〕 陳立引用時，為了明確此乃孔子之語而補足人名。

5. 口語習慣增字而致衍

卷九《五刑・論刑法科條》：聖人治天下，必有刑罰何？所以佐德助治，順天之度也。故懸爵賞者，示有所勸也。設刑罰者，明有所懼也。

疏證：《莊子・天道篇》云「是非已明而賞罰次之」，注：「賞罰者，**即**失得之報也。」（第 561 頁中欄）

按：「即」，《莊子・外篇・天道》郭象注無此字〔註42〕。

6. 增加虛字

（1）增語氣詞「也」

卷一二《闕文・郊祀》：祭天必以祖配何？自內出者，無匹不行，自外至者，無主不止。故推其始祖，配以賓主，順天意也。

疏證：「自內出者」四句，《公羊》宣三年傳文，注云：「必得主人乃止者，天道闇昧，故推人道以接之**也**。」（第 579 頁上欄）

按：「也」，《公羊傳・宣公三年》何休注無此字〔註43〕。陳立增句末語氣詞「也」。

（2）增語氣詞「焉」

卷一二《闕文・田獵》：王者諸侯所以田獵者何？為田除害，上以供宗廟，下以簡集士眾也。

疏證：故《續漢志》引蔡邕《月令章句》：「寄戎事之教於田獵，武事不

〔註41〕邢昺《孝經注疏》卷六，阮元校刻《十三經注疏》本，頁 2556 上欄。
〔註42〕莊周撰，郭象注《南華真經》卷五，《四部叢刊初編》第 90 冊，頁 28，A 面。
〔註43〕徐彥《春秋公羊傳注疏》卷一五，阮元校刻《十三經注疏》本，頁 2278 中欄。

【可】空設，必有以誠，故寄教於田獵，閑肄五兵<u>焉</u>。」（第 583
頁上欄）

按：「焉」，《後漢書志‧禮儀中》無此字〔註44〕，陳立隨意增加句末語氣
詞「焉」。

（七）省字

省字指的是省略原徵引文獻無關緊要的字而不影響文義的情況，往往表
現為副詞、介詞、代詞、連詞、助詞等等的省略。陳立所引文字也存在這種
情況，但也有為求與原文一致，而省略動詞情況。文本表現有以下方面：

1. 承原文而省動詞

卷七《王者不臣‧論五不名》：王者臣有不名者五。先王老臣不名，親與
先王戮力共治國，功於天下，故尊而不名。《尚書》曰「咨爾伯」，不言名也。

疏證：此與桓四年《公羊傳》注大同小異，蓋亦今文《春秋》說也。彼
注云：「禮，君於臣而<u>不名者五</u>。」（第544頁下欄）

按：「不名者五」，《公羊傳‧桓公四年》何休注作「不名者有五」〔註45〕，
陳立在疏解時，蓋求與《白虎通》「王者臣有不名者五」合而省字。
雖然省此動詞「有」，但卻不影響文義。

2. 省爵號

「公」、「侯」等爵號，陳立引用時常常省去。例如：

卷九《五經‧論書契所始》：傳曰：「三皇百世計神玄書，五帝之世受錄
圖，史記從政錄帝魁已來，除禮樂之書三千二百四十篇也。」

疏證：又《書‧疏》引《璇璣鈐》云；「孔子求書，得黃帝玄孫帝魁之書，
迄於<u>秦穆</u>，凡三千二百四十篇，斷遠取近……」（第 563 頁上欄）

按：「秦穆」，《尚書序》疏引作「秦穆公」〔註46〕。陳立徵引時省去了「公」
之爵號，但不會造成誤解。

3. 省虛詞

虛詞在句子中沒有實在的意義，但是卻具有一定的句法功能，但是，

〔註44〕司馬彪撰，劉昭注補《後漢書志》第五，頁 3123。
〔註45〕徐彥《春秋公羊傳注疏》卷四，阮元校刻《十三經注疏》本，頁 2215 中欄。
〔註46〕孔穎達《尚書正義》卷一，阮元校刻《十三經注疏》本，頁 115 上欄。

有時候，在引文時，一些虛詞如介詞、連詞、語氣詞等常常被省略，尤其表現爲句末語氣詞的省略，非常普遍。陳立引文也存在省虛詞的情況。例如：

（1）省介詞

卷六《封禪·論封禪之義》：五帝禪於亭亭之山。亭亭者，制度審諟，道德著明也。

　　疏證：《風俗通·正失》云：「五帝禪於亭亭，**德不及皇**。亭亭名山，其身禪於聖人。」（第538頁中欄）

　　按：「德不及皇」，《風俗通義·正失·封泰山禪梁父》作「德不及於皇」〔註47〕，陳立引時，省「皇」上之介詞「於」。

（2）省副詞

卷一二《闕文·田獵》：王者諸侯所以田獵者何？爲田除害，上以供宗廟，下以簡集士衆也。

　　疏證：故《續漢志》引蔡邕《月令章句》：「寄戎事之教於田獵，武事**不空設**，必有以誠，故寄教於田獵⋯⋯」（第583頁上欄）

　　按：「不空設」，《後漢書志·禮儀中》引作「不可空設」〔註48〕，陳立引時省略副詞「可」。

（3）省連詞

卷二《號·論三皇五帝三王五伯》：楚勝鄭，而不告從，而攻之，又令還師，而佚晉寇。圍宋，宋因而與之平，引師而去。知楚莊之霸也。

　　疏證：《公羊》宣十二年傳「莊王伐鄭⋯⋯鄭伯肉袒，左執茅旌，右執鸞刀」，「莊王親自手旌，左右撝軍，退舍七里⋯⋯莊王曰：『**君子篤於禮，薄於利**，要其人而不要其土，告從⋯⋯』」案此用《公羊》義，當云「楚勝鄭而不有，從而赦之」。「告」與「攻」字，疑誤也。（第506頁下欄—第507頁上欄）

　　按：「君子篤於禮，薄於利」，「禮」下，有連詞「而」字，考《公羊傳·宣公十二年》作「君子篤於禮而薄於利」〔註49〕。

〔註47〕應劭撰《風俗通義》卷上，《叢書集成初編》第274冊，頁34。
〔註48〕司馬彪撰，劉昭注補《後漢書志》第五，頁3123。
〔註49〕徐彥《春秋公羊傳注疏》卷一六，阮元校刻《十三經注疏》本，頁2285中欄。

（4）省代詞

①卷一〇《嫁娶・論同姓外屬不娶》：不娶同姓者，重人倫，防淫泆，恥與禽獸同也。《論語》曰：「君娶於吳，爲同姓，謂之吳孟子。」《曲禮》曰：「買妾不知其姓則卜之。」

　　疏證：又《曲禮》「娶妻不娶同姓」，注：「**爲近禽獸也**。」故《春秋》於婦人，繫姓不繫國，亦所以防娶同姓。（第 566 頁下欄）

　　按：「爲」下，《禮記・曲禮上》有「其」字〔註50〕。其，指示代詞，作「那樣的」解。陳立引《曲禮》文，省代詞「其」。

②卷一二《闕文・田獵》：王者祭宗廟，親自取禽者何？尊重先祖，必欲自射，加功力也。

　　疏證：又《（周／國）語》曰：「天子禘郊之事，必自射其牲，**王后必自舂粢**；諸侯宗廟之事，必自射牛、刲羊、擊豕，夫人必自舂其盛。」（第 583 頁中欄）

　　按：「粢」上，《國語・楚語下》有「其」〔註51〕，此「其」字，作「他（她）的」解，與上例不同。

（5）省助詞

①省表判斷語氣詞「也」

卷二《五祀・總論五祀》：五祀者，何謂也？謂門、戶、井、竈、中霤也。所以祭何？人之所處、出入，所飲食，故爲神而祭之。

　　疏證：《御覽》引鄭《駁異義》云：「王爲羣姓立七祀：一曰司命，主督察（三／人）命也。二曰中霤，主宮室居處也。三曰門、四曰戶，主出入。五曰國行，**主道路**。六曰大厲，**主殺**。七曰竈，**主飲食**。」（第 508 頁下欄）

　　按：「主道路」、「主殺」、「主飲食」，考《太平御覽・禮儀部・五祀》分別引作「主道路也」、「主殺也」、「主飲食也」〔註52〕，《駁五經異義補遺》據《太平御覽》引同〔註53〕。陳立引時皆省句末「也」字。

〔註50〕孔穎達《禮記正義》卷二，阮元校刻《十三經注疏》本，頁 1241 上欄。
〔註51〕上海師範大學古籍整理組校點《國語》卷一八，頁 567。
〔註52〕李昉等撰《太平御覽》卷五二九，頁 2399 上欄。
〔註53〕許慎撰，鄭玄駁，王復輯，武億校《駁五經異義》，《叢書集成初編》第 239冊，頁 1。

②省表判斷語氣助詞「者」

卷七《王者不臣‧論五不名》：王者臣有不名者五。先王老臣不名，親與先王戮力共治國，功於天下，故尊而不名。《尚書》曰「咨爾伯」，不言名也。

疏證：此與桓四年《公羊傳》注大同小異，蓋亦今文《春秋》說也……故莊二十五年「陳侯使女叔來聘」，注：「**稱字**，敬老也。」（第544頁下欄）

按：「稱字」下，《公羊傳‧莊公二十五年》有「者」〔註54〕。此爲「……者……也」典型判斷結構句，「者」放在主語之後，引出原因。陳立引省「者」字，亦構成「……，……也」的判斷句式。

③省語氣助詞「矣」

卷五《諫諍‧論五諫》：孔子曰：「諫有五，吾從諷之諫。」

疏證：《說苑‧正諫》亦云：「一曰正諫，二曰降諫，三曰忠諫，四曰戇諫，五曰諷諫。孔子曰：『吾其從諷**諫乎**。』」（第531頁下欄）

按：「吾其從諷諫乎」，考《說苑‧正諫》作「吾其從諷諫矣乎」〔註55〕。陳立引時省語氣助詞「矣」。

④省結構助詞「之」

卷七《王者不臣‧論諸侯不純臣》：朝則迎之於著，覲則待之於阼階，升階自西階，爲庭燎，設九賓，享禮而後歸。是異於衆臣也。

疏證：《禮》疏又引崔氏、皇氏舊《禮》疏云：「崔以爲諸侯春夏來朝，各乘其命車，至皐門外陳介也。天子（平／車）時在大門內，傳詞既訖，則乘車出大門下車。**若升朝時**，王但迎公，自諸侯以下，則隨之而入，更不別迎也……故王當宁以待，諸侯次第而進，故云序進。」（第544頁上欄）

按：「若升朝時」，《禮記‧曲禮下》疏引作「若升朝之時」〔註56〕，陳立引時省「朝」下「之」字。

〔註54〕徐彥《春秋公羊傳注疏》卷八，阮元校刻《十三經注疏》本，頁2238中欄。
〔註55〕劉向《說苑》卷九，《叢書集成初編》第527冊，頁83。
〔註56〕孔穎達《禮記正義》卷五，阮元校刻《十三經注疏》本，頁1265下欄。

四、案語類例

案語類例指的是陳立在疏解《白虎通》時對所徵引文獻的價值判定，這個判定既有贊同的，也有反駁的，亦有存疑的。這部分，從兩個方面來論說，即陳立對傳統文獻的價值判定與陳立對其當代文獻的價值判定。

（一）傳統文獻

傳統文獻指的是先秦兩漢之文獻或是以先秦兩漢之典籍爲本的後世注本，在時間上應早於清代。陳立對文獻的選擇使用，有自己的價值判定，主要表現在：一是贊同所選文獻以證明《白虎通》原文之義；二是反駁所選文獻以證明《白虎通》原文之義；三是對所選文獻要說明的問題闕疑待考。

1. 贊同

陳立對所徵引的文獻，採取肯定的價值判斷，以證明《白虎通》原文的有理有據。

1. 卷三《社稷・論誡社》：在門東，明自下之無事處也。或曰：皆當著明誡，當近君，置宗廟之牆南。《禮》曰「亡國之社稷，必以爲宗廟之屛」，示賤之也。

疏證：《禮・郊特牲》疏：「或在廟，或在庫門內之東，則亳社在東也。」故《左傳》云：「間於兩社，爲公室輔。」魯之外朝，在庫門之內，東有亳社，西有國社，朝廷執政之處，故云間於兩社也。所引「或曰」，當《穀梁》家說也。《穀梁傳》哀四年：「亳，亡國也。亡國之社，以爲廟屛，戒也。」與逸《禮》同。注引劉向說：「立亳社於廟之外，以爲屛蔽，取其不得通天，人君瞻之而致戒心。」是也。（第 510 頁上欄）

按：此文所言誡社之位置。關於《白虎通》「或曰」的文獻價值，據陳立所言「《白虎通》雜論經傳，多以前一說爲主，『或曰』皆廣異聞也」〔註57〕，至於其後之「《禮》曰」云云，則是《白虎通》徵引文獻以證明「或曰」之內容的有據可依，而非空論。那麼，《白虎通》所主前一說「在門東，明自下之無事處也」，則後一說「或曰：皆當著明誡，當近君，置宗廟之牆南。」則爲異說，又「《禮》曰『亡國之社稷，必以爲宗廟之屛』」，乃文獻依據，「示賤之也」，爲引申說明「或

〔註57〕陳立《白虎通疏證》卷一，《皇清經解續編》第 5 冊，頁 499 下欄。

曰」之內容。

　　陳立先疏解前一說，而後判定「或曰，當《穀梁》家說也」，然後徵引《穀梁傳》哀四年文與《白虎通》原文所引「《禮》曰」云云等相互印證，確指「宗廟之屏」，最後徵引《穀梁傳》范寧注引劉向說闡釋《白虎通》「或曰」之內容。陳立以「是也」二字作結，對劉向說持肯定態度。

　　考《春秋傳・哀公四年》云：「六月辛丑，亳社災。」范寧注：「殷都於亳，武王克紂而班列其社於諸侯，以為亡國之戒。劉向曰：『災，亳社，戒人君縱恣不能警戒之象。』」《穀梁傳》：「亳社者，亳之社也。亳，亡國也。亡國之社，以為廟屏，戒也。其屋亡國之社，不得達上也。」范寧注：「亳即殷也。殷都於亳，故因謂之亳社。立亳之社於廟之外，以為屏蔽，取其不得通天，人君瞻之而致戒心。必為之作屋，不使上通天也，緣有屋故言災。」楊士勛疏：「《周禮》建國之神位左宗廟，右社稷，彼謂天子諸侯之正社稷霜露者。《周禮》又云：『決陰事於亳社』，明不與正同處，明一在西，一在東。故《左氏》曰『間於兩社為公室輔』，是也。」〔註58〕

　　此亳社，《左氏》無傳。《公羊》經作「蒲社」。《公羊傳》：「蒲社者何？亡國之社也。社者，封也。其言災何？亡國之社，蓋揜之，揜其上而柴其下。蒲社災，何以書？記災也。」何休注：「戒社者，先王所以威示教戒諸侯使事上也。災者，象諸侯背天子，是後宋事彊吳，齊晉前驅滕薛，俠轂魯衛驂乘，故天去戒社，若曰王教滅絕云爾。」〔註59〕

　　至於陳立所引劉向說，蓋出於《漢書・五行志上》「哀公⋯⋯四年『六月辛丑，亳社災』。董仲舒、劉向以為亡國之社所以為戒也」，師古曰：「亳社，殷社也。存其社者，欲使君常思敬慎，懼危亡也。」〔註60〕

　　據此，則陳立所云「注引劉向說」，則有據可依。則《穀梁》與董仲舒、劉向說與《白虎通》義同，而《公羊》則另立一說以為解。

〔註58〕楊士勛《春秋穀梁傳注疏》卷二〇，阮元校刻《十三經注疏》本，頁2449中欄。
〔註59〕徐彥《春秋公羊傳注疏》卷二七，阮元校刻《十三經注疏》本，頁2347中欄。
〔註60〕班固撰，顏師古注《漢書》卷二七上，頁1330。

清代，臧琳撰《經義雜記・亳社災》云：「何氏墨守《公羊》，未考《左氏》、《穀梁》之經，不知『蒲』爲『亳』字之聲借，其誤一也。又云『戒社者，先王所以威示教戒諸侯使事上』，此與立社爲使民戰栗之說無異，而反失警戒危亡之意，其誤二也。又歷指宋、齊、晉、滕、薛、魯、衞之聽命於吳，天以爲王教滅絕，故災之，案經傳及先儒皆無此義，其誤三也。范注《穀梁》此條最得經傳意。」〔註61〕據此，《穀梁傳》之信實所在。

那麼，陳立雖然篤信《公羊》學，但是，所選文獻證明文義方面，材料選擇非常得當，充分利用《穀梁傳》證明《白虎通》原文，既肯定了劉向說，又肯定了范注《穀梁傳》的文獻價值。

2. 反駁

陳立徵引材料，指出其缺漏，而且達到了反證《白虎通》原文的目的。

（1）**卷二《號・論三皇五帝三王五伯》**：三皇者，何謂也？謂伏羲、神農、燧人也。或曰：伏羲、神農、祝融也。《禮》曰：「伏羲、神農、祝融、三皇也。」……謂之燧人何？鑽木燧取火，教民熟食，養人利性，避臭去毒，謂之燧人也。

疏證：《風俗通》引《含文嘉》云：「燧人（氏／始）鑽木取火，炮生爲熟，令人無（有／復）腹疾，有異於禽獸，遂天之意，故曰遂人。」《論語・陽貨》篇：「鑽燧改火。」《周禮》（疏／注）引先鄭云：「（《周書》／《鄹子》）曰：『春取榆柳之火，夏取棗杏之火，秋取（桑柘／柞楢）之火，冬取槐檀之火。』」則取火之法，始自遂人，後世乃有明鑒取火法耳。《路史》注引《典略》亦云：「燧人鑽木取火，免腥臊，變熟食，人事也。」《管子・輕重戊》篇又以「黃帝作鑽燧生火，以熟葷臊，民食之無茲膶之疾，而天下化【之】。」然《管子》下又云「黃帝之王，童山竭澤」，當是訛遂人爲黃帝也。（第504頁下欄～第505頁上欄）

按：此段所論爲「三皇」之正解即「三皇者，何謂也？謂伏羲、神農、燧人也」，陳立疏證《白虎通》所論「燧人」爲三皇的功勳。陳立先引正面材料，即《風俗通》引《含文嘉》、《論語・陽貨》篇、《周禮》

〔註61〕臧琳《經義雜記》，《皇清經解》第1冊，頁782上欄。

注、《路史》注引《典略》予以論證燧人之功，而後引《管子·輕重戊》篇之所言「鑽燧生火」之事，又引「黃帝之王，童山竭澤」，其實，這二處引文可以接續，考《管子·輕重戊》云：「黃帝作鑽鐩生火，以熟葷臊，民食之無茲胃之病，而天下化之。黃帝之王，童山竭澤。」〔註62〕陳立拆開引文，有意凸顯《管子》文之錯誤所在，《管子》所言「黃帝」，當是「燧人」之誤。陳立對《管子》所言予以駁斥，言之有據，信而有徵。

（2）卷五《誅伐·總論誅討征伐之義》：伐者，何謂也？伐者，擊也。欲言伐擊之也。《尚書敘》曰：「武王伐紂。」

　　疏證：《說文·人部》：「伐，擊也。」《牧誓》云：「不愆於四伐、五伐、六伐、七伐。」《詩》疏引鄭注云：「伐謂擊刺也。一擊一刺曰一伐。」《公羊傳》莊十年云「粗者曰侵，精者曰伐」，注：「將兵至境，以過侵責之，服則引兵而去。伐者，侵責之不服，推兵入竟，伐擊之益深，用意稍精密。」則伐重於侵矣。《穀梁》隱五年，以為「斬樹木、壞宮室曰伐。」案文王伐崇，高宗伐鬼方，仁者之師，豈有斬樹木、壞宮室之事？《穀梁》說，非也。《左氏》以為有鐘鼓曰伐，亦通。所引《書·序》，《周書·泰誓》篇序文也。「敘」字，舊脫，盧據《御覽》補。（第529頁下欄～第530頁上欄）

　　按：陳立主要疏解「伐」之含義，陳立先引用鄭注追溯文字本源，而後徵引《尚書·牧誓》，又引《詩》疏引鄭注、《公羊傳》文證明《白虎通》原文。最後引《穀梁傳·隱公五年》文，陳立案「《穀梁》說，非也」，反駁此說。

　　　　考《春秋·隱公五年》：「宋人伐鄭，圍長葛。」《穀梁傳》：「伐國不言圍邑。此其言圍，何也？久之也。伐不踰時，戰不逐奔，誅不填服。苞人民、毆牛馬，曰侵。斬樹木、壞宮室，曰伐。」范甯注：「制其人民，毆其牛馬，賊去之後，則可還反。樹木斬，不復生，宮室壞，不自成，故其為害重也。」楊士勛疏：「案《左傳》：『有鐘鼓曰伐，無曰侵。』《公羊傳》：『犕者曰侵，精者曰伐。』又何休《廢疾》云：『廄焚，孔子曰：傷人乎？不問馬。今《穀梁》以苞人民為輕，斬樹木、壞宮室為重，是理道之不通也。』所以《穀梁》不從二

〔註62〕管仲《管子》卷二四，《四部叢刊初編》第61冊，頁13，A面。

傳者，鄭玄云：『苟人民、毆牛馬，兵去則可以歸還，其爲壞宮室、斬樹木，則樹木斷不復生，宮室壞不自成，爲毒害更重也。』是鄭意亦以斬樹木、壞宮室爲重，是亦一家之義，故與二傳不同。」〔註63〕

從楊士勛疏可知，鄭玄說與《穀梁傳》合，與《左傳》、《公羊傳》不同。其他二傳之面貌是：

考《左傳·莊公二十九年》：「凡師，有鐘鼓曰伐，無曰侵，輕曰襲。」孔疏：「《釋例》曰：『侵、伐、襲者，師旅討罪之名也。鳴鐘鼓以聲其過曰伐，寢鐘鼓以入其竟曰侵，掩其不備曰襲。此所以別興師用兵之狀也。』然則春秋之世，兵加於人，唯此三名。擊鼓、斬木，俱名為伐。鳴鐘鼓、聲其罪，往討伐之，若擊鼓、斬木。然侵者，加陵之意，寢其鐘鼓，潛入其竟，往侵陵之。襲者，重衣之名，倍道輕行，掩其不備，忽然而至，若披衣然。立此三名，制討罪之等級也。《周禮·大司馬》『掌九伐之法，賊賢害民則伐之，負固不服則侵之。』天子討罪，無掩襲之事。唯侵、伐二名，名與《禮》合。而《禮》更有七名：馮弱犯寡則眚之，暴內陵外則壇之，野荒民散則削之，賊殺其親則正之，放弒其君則殘之，犯令陵政則杜之，內外亂鳥獸行則滅之。彼謂王者行兵，此據當時實事，時無其事則傳不為例，其滅與入為例，故不列於此。」〔註64〕

考《公羊傳·莊公十年》：「觕者曰侵。精者曰伐。」何休注：「觕，麤也，將兵至竟，以過侵責之，服則引兵而去，用意尚麤。精，猶精密也。侵責之不服，推兵入竟，伐擊之益深，用意稍精密。」徐彥疏：「推，猶舉也。言淺侵不服，則更舉兵深入其竟，而伐擊之，益深於前。」〔註65〕

以此引文可見，對於《春秋》三傳之論述，陳立據《白虎通》原文，主《公羊傳》之論「伐」之含義，其結論是「則伐重於侵矣」。對於《左傳》之義，陳立是認可的。而對《穀梁傳》之說持否定態度。以此可見，陳立並非空洞引典，他對文獻的價值判斷有自己的

〔註63〕 楊士勛《春秋穀梁傳注疏》卷二，阮元校刻《十三經注疏》本，頁 2369 下欄 -2370 上欄。

〔註64〕 孔穎達《春秋左傳正義》卷一〇，阮元校刻《十三經注疏》本，頁 1782 中欄。

〔註65〕 徐彥《春秋公羊傳注疏》卷七，阮元校刻《十三經注疏》本，頁 2231 中、下欄。

取捨定位，這則材料在一定程度上反映一個問題，陳立論證《白虎通》多取《公羊》之義。

3. 存疑

（3）卷三《禮樂·論四夷之樂》：則別之，東方爲九夷，南方爲八蠻，西方爲六戎，北方爲五狄。故《曾子問》曰：「九夷八蠻，六戎五狄，百姓之難至者也。」

疏證：此論四夷之數，與《明堂》記同。<u>《爾雅·釋地》作「九夷八狄，七戎六蠻」。</u>《職方氏》作「四夷八蠻，七閩九貉，五戎六狄」。彼蓋以貉當東夷也。盧辯《大戴禮》注以《周禮》爲周所服四海之數，《明堂位》爲朝明堂時所來之國數，《爾雅》爲夏之所服，殷之服國東方十，南方六，西方九，北方十有三。賈公彥亦以《爾雅》爲夏制。案段校《王制》疏引李巡《爾雅》注：「八蠻：一曰天竺，二曰咳首，三曰僬僥，四曰跛踵，五曰穿胸，六曰儋耳，七曰狗軹，八曰旁脊。六戎：一曰僥夷，二曰戎夷，三曰老白，四曰耆羌，五曰鼻息，六曰天剛。五狄：一曰月支，二曰濊貊，三曰匈奴，四曰箄于，五曰白屋。」據此，則李所注之《爾雅》，本其夷數，與《明堂位》合也，彼不注九夷者，<u>《詩》疏引李本，於「謂之四海」下，又有「八蠻在南方，六戎在西方，五狄在北方」三句。安知今所傳之郭氏本非有誤脫也。</u>邵氏晉涵《正義》以《爾雅·釋地》多述殷制，此言「四海」，亦當指殷之肇域。案《爾雅》雜採三代，秦、漢未必即定爲殷制……《禮》疏引《鄭志》答趙商云：「《職方》四夷，謂四方夷狄也。九貉，即九夷，在東方。八蠻，在南方，閩其別也。」戎狄之數，或五、或六兩文異。案《周書》自是殷制，《職方》五戎、六狄，蓋互訛，七閩，即八蠻之別，其大數與《明堂》記同。<u>《爾雅》當以李本爲正，則九夷、八蠻、六戎、五狄之數，亦即周制也。</u>所引《曾子問》，今記無此語。（第 513 頁下欄～第 514 頁上欄）

按：陳立主要討論「四夷之數」，延伸至李本多「八蠻在南方，六戎在西方，五狄在北方」十五字的問題，以及《爾雅》所述之夏制、殷制還是周制的問題，終究還是「四夷之數」的問題，此問題存疑。

　　陳立引《爾雅·釋地》作「九夷八狄，七戎六蠻」，文義未備，

應補「謂之四海」四字。考郭本《爾雅・釋地・四極》云：「九夷八狄，七戎六蠻謂之四海。」〔註66〕下文「《詩》疏引李本，於『謂之四海』下，又有『八蠻在南方……』」云云，而上文並無「謂之四海」四字。此應補全引文。

對於《詩》疏引李本，於「謂之四海」下又有「八蠻在南方，六戎在西方，五狄在北方」三句。考《毛詩・蓼蕭》孔穎達疏：「《職方氏》及《布憲》注亦引《爾雅》云『九夷八蠻，六戎五狄謂之四海』，數既不同而俱云《爾雅》，則《爾雅》本有兩文，今李巡所注『謂之四海』之下，更三句云『八蠻在南方，六戎在西方，五狄在北方』，此三句唯李巡有之，孫炎、郭璞諸本皆無也。李巡與鄭同時，鄭讀《爾雅》蓋與巡同，故或取上文，或取下文也。《爾雅》本有二文者，由王所服國數不同，故異文耳。亦不知九夷八狄、七戎六蠻正據何時也？」〔註67〕考《周禮・職方氏》鄭玄注〔註68〕、《周禮・布憲》鄭玄注〔註69〕，皆引《爾雅》曰：「九夷八蠻，六戎五狄，謂之四海。」與李巡同。阮元校亦言及此〔註70〕。孔穎達認爲「《爾雅》本有兩文」，「李巡與鄭同時，鄭讀《爾雅》蓋與巡同，故或取上文，或取下文也。」

邵晉涵《爾雅正義》：「李巡本較郭本增益字句，分註國名多係漢時屬國，以漢制釋《雅》訓易涉傅會之詞，以「箄于」爲「單于」，復因傳寫而誤，事無實證，當從闕疑。故郭氏不取李巡及孫炎註，俱見《王制》疏。」〔註71〕可見，邵晉涵認爲以郭本爲佳。而陳立則認爲「安知今所傳之郭氏本非有誤脫也」，提出存疑。

關於「四夷之數」，陳立疏解亦引邵晉涵之語，提出自己的考證。其實，「四夷之數」，本與夏、商、周制有關聯，此不能定，四夷之數終難定論。考《大戴禮記・用兵》：「六蠻四夷，交伐於中國。」盧注：「《周禮・職方氏》『四夷、八蠻、七閩、九貉、五戎、六狄』，

〔註66〕邢昺《爾雅注疏》卷七，阮元校刻《十三經注疏》本，頁 2616 中欄。
〔註67〕孔穎達《毛詩正義》卷一〇，阮元校刻《十三經注疏》本，頁 420 上欄。
〔註68〕賈公彥《周禮注疏》卷三三，阮元校刻《十三經注疏》本，頁 861 下欄—862 上欄。
〔註69〕賈公彥《周禮注疏》卷三六，阮元校刻《十三經注疏》本，頁 884 上欄。
〔註70〕阮元《十三經注疏校勘記》，阮元校刻《十三經注疏》本，頁 2621 中欄。
〔註71〕邵晉涵《爾雅正義》，《皇清經解》第 3 冊，頁 600 下欄。

此周所伏服四海其種落之數也。《明堂位》曰『九夷、八蠻、六戎、五狄』，此朝明堂時來者國數也。《爾雅》曰『九夷、八狄、七戎、六蠻』，其夏之所服，與殷之夷國，東方十，南方六，西方九，北方十有三。然鄭玄以四夷為四方，九貉為九夷，又引《爾雅》，其數不同，及四、六文闕而不定，是終使學者疑其所聞也。」〔註72〕

（二）當代文獻

清代，校勘之學大興，陳立疏解《白虎通》時彙集了不少當代學者校勘方面的成績。在這些校勘成果中，陳立有自己的價值判斷。例如：

1. 贊同

卷一《爵·論制爵五等三等之異》：侯者，候也。候逆順也。人皆千乘，象雷震百里所潤同。

疏證：梁氏同書校云：「《周禮》注『同方百里』，疏：『謂之為同者，取象雷震百里所聞同。』《易·震》疏：『雷之發聲，聞於百里。古帝王制國，公侯地方百里，故以象焉。』此既無『雲雨』字，似當從《周禮》疏作『所聞同』為是。」案下《封公侯》篇亦云「封不過百里，象雷震百里所潤雲雨同」，或涉下文誤也。（第499頁上、中欄）

按：此「梁氏同書校」，乃盧文弨《〈白虎通〉讎校所据新舊本并校人姓名》「錢塘梁同書元穎校」〔註73〕。考盧文弨注引梁云：「《周禮·小司徒》注『十終為同，同方百里』，疏云『謂之為同者，取象雷震百里所聞同』。《易·震》正義『雷之發聲，聞乎百里。古帝王制國，公侯地方百里，故以象焉』。此既無『雲雨』字，似當從《周禮》疏作『所聞同』為是。」〔註74〕此文乃盧文弨引梁同書語，陳立引時，雖與原文微異，但義同。陳立案「下《封公侯》篇亦云『封不過百里』云云」，考《封公侯·論封諸侯制土之等》是有此語，云「諸侯封不過百里，象雷震百里所潤雲雨同也」〔註75〕，陳立斷定此處「象雷震百里所潤

〔註72〕 戴德撰，盧辯注《大戴禮記》卷一一，《叢書集成初編》第1028冊，頁187。

〔註73〕 盧文弨《〈白虎通〉讎校所据新舊本并校人姓名》，附於盧校本《白虎通》，《叢書集成初編》第238冊，頁2。

〔註74〕 班固等撰《白虎通》卷一上，《叢書集成初編》本第238冊，頁3。

〔註75〕 陳立《白虎通疏證》卷四，《皇清經解續編》第5冊，頁518上欄。

同」爲「涉下文誤也」，是也。陳立引梁校，又以「本校法」，再次提出文獻根據，有力地支持梁同書對《白虎通》原文的校勘。

2. 反駁

卷七《王者不臣‧論王臣不世諸侯異義》：王者臣不得爲諸侯臣，以其尊當與諸侯同。《春秋傳》曰：「寓公不世，待以初。」

疏證：此今文《春秋》說也。《公羊》隱四年傳：「南面之君，勢不可復爲臣。」此所引《春秋傳》，《公羊》無文。《公羊》桓七年傳：「貴者無後，待之以初。」蓋即本此也。何注：「穀、鄧本與魯同，貴爲諸侯，今失爵亡土來朝，義不可卑，故明當待之如初。所謂故舊不遺，則民不偷，無後者施於所奔國也，獨妻得配夫，託衣食於公家，了孫當受田而耕。」是也。「寓」舊作「許」，依梁校改。汪云：「『不世』，疑亦當作『不臣』。」案《郊特牲》云：「諸侯不臣寓公，故古者寓公不繼世。」則「不世」、「不臣」，皆得通也。（第 544 頁下欄）

按：此「汪云」，乃盧文弨《〈白虎通〉讎校所据新舊本并校人姓名》「錢塘汪繩祖亢宗校」〔註 76〕。考盧文弨注：「『寓』舊作『許』，梁處素云：『案《公羊》桓七年傳云：「貴者無後，待之以初也。蓋穀、鄧之君，失爵亡土來朝，託寄於魯，義不可卑。」疏引《郊特牲》「諸侯不臣寓公」爲言，則此「許公」，當爲「寓公」，無疑。』汪云：『「不世」，疑亦當作「不臣」。』」〔註 77〕陳立據《郊特牲》云云，斷定「不世」與「不臣」皆通。考《郊特牲》云：「諸侯不臣寓公，故古者寓公不繼世。」鄭玄注：「寓，寄也，寄公之子，非賢者，世不足尊也。寓，或爲託也。」〔註 78〕此「諸侯不臣寓公」，意爲「諸侯不以寓公爲臣」。蓋汪氏取乎此句斷定爲《白虎通》文當作「寓公不臣」。而陳立據「故古者寓公不繼世」，論定《白虎通》「寓公不世」，不誤。陳立之所校，在一定程度上否定了汪繩祖對《白虎通》原文的校改。

〔註76〕盧文弨《〈白虎通〉讎校所据新舊本并校人姓名》，附於盧校本《白虎通》，《叢書集成初編》第 238 冊，頁 2。

〔註77〕班固等撰《白虎通》卷三上，《叢書集成初編》第 238 冊，頁 169。

〔註78〕孔穎達《禮記正義》卷二五，阮元校刻《十三經注疏》本，頁 1448 下欄。

3. 存疑

卷一《爵・論天子諸侯爵稱之異》：大夫但有上、下，士有上、中、下何？明卑者多也。（第 500 頁下欄）

> 疏證：「士有上、中、下」五字舊脫，盧補。《王制》疏云：「士既命同，而分爲三等者，言士職卑德薄，義取漸進，故細分爲三。卿與大夫德高位顯，各有別命，不復細分也。」而襄十一年《公羊傳》云「古者上士、下士」者，蓋周初侯伯國之制歟。焦氏循《孟子正義》云「惟子男不當有中士耳」，「若子男而有中士，則田祿不皆以四爲差，而國亦不足於用矣」。未知所據。

> 按：「士有上、中、下」五字，盧文弨不當補，因《白虎通》下文云：「爵皆一字也，大夫獨兩字何？《春秋傳》曰：『大夫無遂事。』以爲大夫職在之適四方，受君之法，施之於民，故獨兩字言之。或曰：大夫，爵之下者也。稱大夫，明從大夫以上受下施，皆大自著也。」〔註79〕《白虎通》所論爲「天子諸侯爵稱之異」，上文言「諸侯無公爵」云云，接下則述「大夫」之獨特。元大德本、元刻本作「大夫但有上下何？明卑者多也」，承接下文所論「大夫獨兩字何」云云，皆與「大夫」有關，此不應混雜「士」之名目。盧文弨校勘失當，陳立未審文義，其引《孟子正義》文以爲疏解，言「未知所據」，存疑。

> 　　其實，焦循所據乃沈彤《周官祿田考・官爵數》，其文云：「何以知子男之無中士也，曰《春秋公羊傳》云：『古者上士下士』。明中士，非周官初制也。若子男而有中士，則田祿不皆以四爲差，《公羊》所云乃通指諸侯，今獨歸之子男何也？曰惟子男不當有中士耳，謂公侯伯而亦無中士。傳之誤也。《大宰》又云：『乃施則於都鄙而建其長，立其兩，設其伍，陳其殷，置其輔。』註云：『長謂公卿大夫王子弟食采邑者，兩謂兩卿。』疏以大夫降於卿，不合有兩卿五大夫，豈知卿降於公而亦不容有乎？故惟在公則兩爲卿，五爲大夫，殷爲上士。若在卿，則兩爲大夫，五爲上士，殷爲下士，在大夫，則兩爲上士，五爲下士，蓋爵之等從其長而遞降爵之數，從其等而遞減也。《春秋左傳》謂周公舉蔡仲以爲己卿士，瑕禽爲王卿士，伯輿之大夫是公之兩爲卿，卿之兩爲大夫，皆有明徵而其下可例推矣。

〔註79〕陳立《白虎通疏證》卷一，《皇清經解續編》第 5 冊，頁 500 下欄。

公卿大夫之無中士何也？曰公之都小於男國，男無中士則公可知，而卿大夫不愈可知乎？」〔註80〕據此，公卿大夫子男皆當無「中士」，所以「中士」，非周官初制。

五、疏解的著力點及整體程式布局

以上詳細論說了陳立《白虎通疏證》在篇目、作者、書名、引文、案語方面的一些特點。若從整體的框架結構來考慮，陳立疏解有其自己的著力點及程式布局。

（一）疏解的著力點

陳立對《白虎通》「欲疏其指受，證厥源由，暢隱抉微」，有四難焉：

　　蓋以石渠典佚，天祿圖湮，汝南存異義之名，中郎蝕熹平之舊，董、曹兵燹，劉、石憑陵，南國清談，欽崇玄妙，北郊戎馬，滅絕典墳，重以妄生異義，橫裂聖經，高才者蔗肆雌黃，末學者蜿求青紫，**而欲溯微文於既汩，尋佚論於久湮，紹彼先民，暢茲墜緒，其難一也**。至若緯著七篇，纖傳百首，《鑿度》、《運樞》之說，《推災》、《考耀》之文，敘郊邱則旁徹《禮》經，論始際則隱符《風》、《雅》，辨殷、周文質，而《春秋》義昭，剖卦象盈虛，而《易》爻指晰，雖雜以占候，未底於醇，而征諸遺經，間合乎契。故皆以讖斷禮，以緯儷經，內學之稱，諒非徒爾。迄乎莊、老橫流，康壼自寶，僭偽謬託，贗鼎雜陳，遂禁絕於天監之年，燔滅於開皇之世。華容著錄，片羽僅存，候官集遺，塵珠略見，**而欲旁搜星緯，遠索《苞》、《符》，求鄭、宋之絕學，述曹、史之玄經，其難二也**。昔班氏之入此觀也，旨魯《詩》者首重魯恭，肄歐陽者并崇桓郁，景伯則專精**古義**，丁鴻則兼習**今經**，共述師承，咸資採析。今則淳于之奏，莫考舊聞，臨制之章，無由資溯，師守之源流莫覩，專門之姓氏誰尋？**而欲綜《七畧》之遺文，匯百家之異旨，津逮殊迷，淵源何自？其難三也**。況其舊入祕書，久同佚典，毛公古義，莫遇司農，楊子玄文，誰爲沛國？是以魯魚互錯，亥豕交差，同《酒誥》之俄空，若《冬官》之闕畧，雖餘姚校正，畧可成書，武進補遺，差堪縷述，

然亦終非全璧，祇錄羽琤，**而欲披精論於殘編，捃微旨於墜簡，其難四也。**〔註81〕

綜合考慮陳立所言「四難」，則可以依次概括陳立疏解《白虎通》的著力點：一是考究文獻的本來面貌，還原本眞；二是搜求讖緯遺經，辨章學術；三是分辨今古文家法，溯其源流；四是校勘異文諸說，釐定善本。

對於一、二兩個方面，主要體現在爲了證明《白虎通》成說及引典，一方面注明文獻出處，求得最早來源；另一方面博採眾說，考辨文義。這在陳立徵引文獻的反覆論證中清晰可見。至於其主要特點，在「引文體例」與「案語類例」中也大略可見，不再詳述。對於第四方面，即「校勘異文諸說，釐定善本」方面，在本章第二節中專門討論，爲節省篇幅，茲不贅述。而對於第三個方面「分辨今古文家法，溯其源流」，則是陳立著力要解決的問題。《白虎通》成書於皇帝出面調和今古文家說的大背景，清代今古文經學復興，陳立作爲今文學之信徒，有志於在今古文方面成就己說，陳立言：「《白虎通》於《易》、《書》、《詩》、《禮》、《春秋》多用今文說，於古文說間及之。」〔註82〕所以，分辨《白虎通》文所採納的今古文說，是陳立疏解的著力點。

據統計，陳立在行文中，明確論說《白虎通》文所主「今文說」的約一百餘條，而論說《白虎通》文爲「古文說」的僅十餘條。爲了說明陳立在辨別今古文說的一些特點，爲節省篇幅，鑒於「今文說」之條例較多，此僅以「今文說」爲例，每一卷僅舉一例。爲清眉目，列表明之，如下：

編號	卷、目	《白虎通》原文	陳立疏解
1	卷一《爵·論天子爲爵稱》	天子者，爵稱也。（第498頁中欄）	此《易》說、《春秋》今文說也。……
2	卷二《號·論伯子男於國中得稱公》	伯子男臣子，於其國中，褒其君爲公。王者臣子，獨不得褒其君謂之爲帝何？以爲諸侯有會聚之事，相朝聘之道，或稱公而尊，或稱伯子男而卑，爲交接之時，不私其臣子之義，心俱欲尊其君父，故皆令臣子得稱其君爲公也。帝王異時，無會同之義，故無爲同也。（第507頁上欄）	此今文《春秋》說也。……

〔註81〕陳立《白虎通疏證》，《皇清經解續編》第5冊，頁497。
〔註82〕陳立《白虎通疏證》卷一，《皇清經解續編》第5冊，頁498中欄。

3	卷三《禮樂・總論禮樂》	樂所以必歌者何？夫歌者，口言之也。中心喜樂，口欲歌之，手欲舞之，足欲蹈之。故《尚書》曰：「前歌後舞，假於上下。」（第511頁中欄）	……所引《尚書》，今文《書》說也。……
4	卷四《封公侯・論立太子》	《春秋》之弒太子，罪與弒君同。《春秋》曰「殺其君之子奚齊」，明與弒君同也。（第519頁上欄）	此今文家說也。……
5	卷五《三軍・論不伐喪》	諸侯有三年之喪，有罪且不誅何？君子恕己，哀孝子之思慕，不忍加刑罰。《春秋傳》曰：「晉士匄帥師侵齊，至穀，聞齊侯卒，乃還。」傳曰：「大其不伐喪也。」（第528頁中欄）	今文《春秋》說也。……
6	卷六《災變・論日月食水旱》	所以必用牲者，社，地別神也。尊之，故不敢虛責也。（第537頁上欄）	《左氏》、《穀梁》皆以用牲爲非禮，則此《公羊》說也。……
7	卷七《王者不臣・論三不臣》	不臣妻父母何？妻者，與己一體，恭承宗廟，欲得其歡心，上承先祖，下繼萬世，傳於無窮，故不臣也。《春秋》曰：「紀季姜歸於京師。」父母之於子，雖爲王后，尊不加於父母。知王者不臣。又譏宋三世內娶於國中，謂無臣也。（第543頁下欄）	並《公羊》說也。
8	卷八《宗族・論五宗》	諸侯奪宗，明尊者宜之。大夫不得奪宗何？曰：諸侯世世傳子孫，故奪宗。大夫不傳子孫，故不奪宗也。《喪服經》曰「大夫爲宗子」，不言諸侯爲宗子也。（第555頁中欄）	此今文《春秋》說也。……
9	卷九《五刑・論刑法科條》	五帝畫像者，其衣服象五刑也。犯墨者蒙巾，犯劓者以赭著其衣，犯臏者以墨蒙其臏處而畫之，犯宮者履雜屝，犯大辟者布衣無領。（第561頁中欄）	此節舊脫，盧據《初學記》、《後漢書》注諸書補。此今文《書》說也。……
10	卷一〇《嫁娶・論天子必娶大國》	《春秋傳》曰：「紀侯來朝。」紀子以嫁女於天子，故增爵稱侯。至數十年之間，紀侯無他功，但以子爲天王后，故爵稱侯。知雖小國者，必封以大國，明其尊所不臣也。王者娶及庶邦何？開天下之賢士，不遺善也。故《春秋》曰「紀侯來朝」，文加爲侯，明封之也。先封之，明不與庶邦交禮也。（第566頁中欄）	亦今文《春秋》說也。

| 11 | 卷一一《崩薨·論諸侯奔大喪》 | 王者崩，諸侯悉奔喪何？臣子悲哀慟怛，無不欲觀君父之棺柩，盡悲哀者也。（第575頁中欄） | 今文《春秋》說也。 |
| 12 | 卷一二《闕文·貢士》 | 諸侯三年一貢士者，治道三年有成也。（第582頁中欄） | 據《書鈔》七十九補。此今文《書》說也。…… |

陳立對《白虎通》原文之今古文說的考辨，有其自己的行文特點，據上文之列表，現總結以下幾點：

1. 針對要素

《白虎通》採用問答體的結構形式，皇侃《禮學略說》云：「漢以來說經之書，簡要明晰者，殆無過《白虎通德論》，設主客之問，望似繁碎，其實簡明。」〔註83〕臺灣周德良《〈白虎通〉研究——〈白虎通〉暨〈漢禮〉考》進行了更細緻的條文要素分析，他指出「基本上，《白虎通》中每項問答之條文，可以簡略劃分為五個部分。即：前提、問題、結論、引述典籍文句與補充說明等，此亦是《白虎通》全書之基本構成要素」，「《白虎通》文本雖然有五項基本要素構成，但並非在每一則條文中，皆含有五項要素；而是每一則條文中穿插若干要素，構成各種不同形態之條文」〔註84〕，該文共列舉了十種不同形態，為節省篇幅，茲不贅述。為了方便論說，本文擬採納周德良對《白虎通》條文所分「前提、問題、結論、引述典籍文句與補充說明」五個要素之說。

那麼，以《白虎通》行文的五個要素為標準，結合上表，陳立所要考察辨明的今古文說則涉及到這五個要素：

（1）針對「前提」的單一要素考辨，如，例1。

（2）針對「結論」的單一要素考辨，如，例6、例9、例12。

（3）針對「引典」的單一要素考辨，如，例3。

（4）針對「問題＋結論」的兩要素綜合考辨，如，例2、例11。

（5）針對「結論＋引典＋補充說明」的三要素綜合考辨，如，例4。

（6）針對「問題＋結論＋引典」的三要素綜合考辨，如，例5。

（7）針對「問題＋結論＋引典＋補充說明」的四要素綜合考辨，如，例

〔註83〕皇侃撰，中華書局上海編輯所編輯《皇侃論學雜著》，頁460。
〔註84〕周德良《〈白虎通〉研究——〈白虎通〉暨〈漢禮〉考》，臺灣國立中央大學2004年博士論文，頁20。

7、例 8。

（8）針對「引典＋補充說明＋問題＋結論＋引典＋補充說明」的四要素綜合考辨，如，例 10。

2. 行文位置

（1）疏解首句

《白虎通》文中的某些內容，倘若有必要闡明其所屬的今古文說的話，陳立在疏解時，基本上是放在首句予以說明的，如，上文表例 1、例 2、例 4、例 5、例 7、例 8、例 10、例 11 等，而後徵引文獻，反覆論證之。有時，首句已言，陳立還要在行文中間再次確認首句之論斷。例如：

卷一《爵・論天子爲爵稱》：「而王治五千里內也」。

疏證：<u>此今文《尚書》說也</u>。《王制》疏引《五經異義》云云，《易・繫辭下》云云，《王制》疏引鄭注云云……<u>此用今文《尚書》說</u>……（第498 頁中欄）

按：首句這個位置非常醒目，也表明了陳立所要說明《白虎通》文今古文說的特殊性與重要性。然後，陳立引典籍予以說明，結論又重申首句之論斷。

（2）疏解中間

偶而，會出現在疏解行文中間，這個情況非常少見，大多是要辨別《白虎通》「引典」的今古文說。如，上文表例 3。

（3）疏解末句

有時，陳立對《白虎通》文所屬的今古文說的判斷也會出現在句末，這種情況很少，例如：

卷一〇《嫁娶・論天子必娶大國》：王者之娶，必先選於大國之女，禮儀備，所見多。《詩》云：「大邦有子，俔天之妹，文定厥祥，親迎于渭。」明王者必娶大國也。

疏證：《詩・大明》文。《後漢・順烈梁皇后紀》云：「《春秋》之義，娶先大國。」<u>蓋今文家說也</u>。（第 566 頁中欄）

按：句末這個位置，比較少見，蓋或因這一條文的疏解文字簡短，放置句末也很明顯，或因陳立之言首冠「蓋」字緣故，因「大約」之言而置句末。

（4）疏解第二句

還有一類特殊情況，對莊述祖所輯的《闕文》、盧文弨所增補的《白虎通》文以及陳立自補的《白虎通》文，陳立疏解時首先說明此文句的來源出處，然後才辨別今古文說。如，上文表例 9、例 12。以例 9 予以說明，如下：

卷九《五刑·論刑法科條》：五帝畫像者，其衣服象五刑也。犯墨者蒙巾，犯劓者以赭著其衣，犯臏者以墨蒙其臏處而畫之，犯宮者履雜扉，犯大辟者布衣無領。

疏證：此節舊脫，盧據《初學記》、《後漢書》注諸書補。此今文《書》
　　　　說也。……（第 561 頁中欄）

按：考盧校本《白虎通》，盧文弨注：「以上五十一字，据《初學記》、章
　　懷注《後漢書·酷吏傳》及《御覽》補。」〔註 85〕陳立據盧注，稍
　　微修改而成文，然後才辨明今古文說。在這種情況下，明確今古文
　　說，才在第二句出現。那麼，辨明今古文說，陳立一般是首句予以
　　說明，則具有特殊的重要性。

3. 表述用語

陳立判斷《白虎通》今古文說時，其行文用語亦有特點。主要表現在：

（1）明確說明來源

明確說明《白虎通》文所屬今古文說之典籍，其形式爲「今（古）文＋書名＋說」，如「今文《春秋》說」、「今文《書》說」、「古文《春秋》及《禮》家說」、「古文《尚書》說」等等。

（2）明言今古文說

對《白虎通》文直接明確其今古文說，其表述用語多如「今文家說」、「今文說」、「古文家說」、「古文說」等等。

（3）以書代言

陳立不明確說明其所主的今古文說，而是以學界公認的今古文之典籍爲代言，以「借代」的形式指出其今古文說。如，上文表例 7，陳立疏解的「並《公羊》說」，此「《公羊》說」，即指的是今文說，因《公羊傳》乃經今文學的代表作。

〔註 85〕班固等撰《白虎通》卷四上，《叢書集成初編》第 239 冊，頁 244。

（二）整體的程式布局

以上從各個角度單方面地論述了陳立疏解《白虎通》行文的一些特點。至於這些單一的材料是如何被陳立運用到其疏解中的，則要從整體框架與程式布局中來考察。沿襲周德良所論《白虎通》之「前提、問題、結論、引典、補充說明」這五個基本要素，舉首章《爵·論天子爲爵稱》之每一條文來看陳立疏解的程式布局。

1. 天子者，爵稱也。(1) 此《易》說、《春秋》今文說也。

《周易乾鑿度》云：「《易》有君人五號：帝者，天稱也；王者，美行也；天子者，爵號也；大君者，與興上行異也；大人者，聖明德備也。」《曲禮》疏引《五經異義》云：「天子有爵不？《易》孟、京說，《易》有君人五號，帝，天稱，一也。」說與《乾鑿度》文同。「是天子有爵，古《周禮》說天子無爵，同號於天，何爵之有？謹案《春秋左氏》云『施於夷狄稱天子，施於諸夏稱天王，施於京師稱王』，知天子非爵稱也，從古《周禮》說。」鄭駁之云：「案《士冠禮》『古者生無爵，死無諡』。自周及漢，天子有爵，此有爵甚明，云無爵，失之矣。」是鄭氏以天子爲爵稱也。《初學記》引《尚書刑德放》亦云：「天子，爵稱也。」兩漢之世，《易》孟、京，《春秋公羊》立於學官，古《周禮》、古《左氏》尚未盛行，故與《白虎通》多異也。案《孟子》序班爵之制云「天子一位，公一位，侯一位，伯一位，子男同一位」。以天子與五等之爵並稱，安見天子非爵也？顧氏炎武《日知錄》云：「爲民而立之君，故班爵之意，天子與公侯伯子男，一也，而非絕世之貴。代耕而賦之祿，故班祿之意，君卿大夫士與庶人在官，一也，而非無事之食。是故知天子一位之意，則不敢肆於民上以自尊；知祿以代耕之意，則不敢厚取於民以自奉。不明乎此，而侮奪人之君，常多於三代以下矣。」而《禮記·王制》云「王者制祿爵，公、侯、伯、子、男，凡五等」者，蓋以王者之制言之，則不數天子，以作君作師之義言之，則天子亦儕乎公侯也。

2. 爵所以稱天子何？王者父天母地，爲天之子也。

《乾鑿度》云：「天子者，繼天理物，改一統各得其宜，父天母地，以養萬民，至尊之號也。」《後漢書》注引《感精符》云：「人

主日月同明，四時合信，故父天母地，兄日姊月。」宋注：「父天，於圜丘之祀也。母地，於方澤之祭也。」董子《繁露·三代改制》篇：「天祐而子者，號稱天子，故聖人生則稱天子。」蔡邕《獨斷》云：「父天母地，故稱天子。」《太平御覽》引應劭《漢官儀》云：「（號曰皇帝道，）舉措審諦，父天母地，爲天下主。」《詩·時邁》云「昊天其子之」，鄭箋「天其子愛之」。何氏《公羊·成公八年》傳注：「聖人受命，皆天所生，謂之天子。」《御覽》引《保乾圖》云：「天子至尊也，神精與天地通，血氣含五帝精，天愛之子之也。」《後漢·李固傳》云「王者父天母地」，是也。**故《援神契》曰：「天覆地載謂之天子，上法斗極。」《鈎命決》曰：「天子，爵稱也。」**(2)《援神契》、《鈎命決》皆《孝經緯》篇名。《說苑·修文》篇：「天覆地載謂之天子。」《御覽》引《佐助期》亦云：「天子法斗，諸侯應宿。」皆與《孝經緯》說同也。

3. 帝王之德有優劣，所以俱稱天子者何？

《獨斷》云：「上古天子，庖羲氏、神農氏稱皇。堯、舜稱帝。殷、周稱王。」稱謂不同，明德有優劣也。《御覽》引《斗威儀》云：「帝者，得其英華。王者，得其根核。霸者，得其附支。」《意林》引《新論》云：「三皇以道治，五帝以德化，三王由仁義，五霸用權智。」阮籍《通考論》：「三皇依道，五帝仗德，三王施仁，五霸行義，強國任智，蓋優劣之異，厚薄之降也。」**以其俱命於天，**《古微書·春秋緯·演孔圖》云：「天子皆五氣之精寶，各有題序，以次運相據起，必有神靈符紀，諸神扶助，使開階立遂。是以王者嘗置圖錄坐旁以自立也。」《毛詩·序》云：「文王受命作周也。」箋云：「受命者，受天命而王天下也。」《詩》疏引鄭氏《六藝論》云：「太平嘉瑞圖書之出必龜龍銜負焉，黃帝、堯、舜、周公是其正也。若禹觀河見長人，皋陶於洛見黑公，湯登堯臺見黑鳥，至武王渡河白魚躍，文王赤雀止於戶，秦穆公白雀集於車，是其變也。」故緯候皆載帝王受命之事。《詩》疏引《春秋元命苞》云：「鳳皇銜圖置帝前，黃帝再拜受。」《古微書·元命苞》云：「堯游河渚，赤龍負圖以出。」《路史》注引《尚書中候·考河命》曰：「若稽古帝舜，曰重華，欽翼皇象。」鄭注：「言敬奉皇天之曆數。」《御覽》引《中

候‧握河紀》云「伯禹在庶，四岳師舉薦之帝堯。帝曰：『何斯若眞，出爾命，圖示乃天』」。文又引《中候‧洛予命》云「天乙東觀於洛，降三分璧忱於洛水，退立，榮光不起，黃魚雙躍，出濟於壇，黑鳥以雄，隨魚亦至。正化爲黑玉赤勒曰：『元精天乙，受神福伐桀，克。三年，天下悉合』」。《詩》疏引《中候‧稷起》篇云：「堯受《河圖》、《洛書》，后稷有名錄，苗裔當王。」是黃帝、堯、舜、夏、商、周受命於天事也。**而王治五千里內也。**(1) 此今文《尚書》說也。

《王制》疏引《五經異義》云「今《尚書》歐陽說，中國方五千里。古《尚書》說，五服旁五千里，相距萬里。謹案以今漢地考之，自黑水至東海，衡山之陽至於朔方，經略萬里」。鄭無駁，與許同。則許、鄭並用古文《尚書》也。《易‧繫辭下》云：「陽一君而二民，君子之道也。陰二君而一民，小人之道也。」《王制》疏引鄭注云：「一君二民謂黃帝、堯、舜地方萬里。爲方千里者，百中國之民居七千里，七七四十九，方千里者四十九。夷狄之民居千里者五十一，是中國、夷狄二民共事一君。二君一民謂三代之末，以地方五千里，一君有五千里之土，五五二十五，更足以君二十五，始滿方千里之方五十，乃當堯、舜一民之地。故云『二君一民』，實無此『二君一民』，假之以地廣狹爲優劣也。」鄭氏注《易》時，以三代方五千里，五帝時方萬里，與今古《尚書》文並不合。《白虎通》於《易》、《書》、《詩》、《禮》、《春秋》多用今文說，於古文說閒及之。(1) 此用今文《尚書》說。《御覽》引《孫子》云：「夫帝王處四海之內，居五千里之中。」(1) 亦與今《尚書》同也。《尚書》曰：「天子作民父母，以爲天下王。」(3) 《周書‧洪範》文，引以證天子治天下之義也。《御覽》引伏生《大傳》云：「聖人者，民之父母也。母能生之，能養之，父能教之，能誨之，聖人曲備之者也。能生之，能食、能教誨之也。爲之城郭以居之，爲之宮室以處之，爲之庠序之學以教誨之，爲之列地制畝以飲食之。故《書》曰：『天子作民父母，以爲天下王。』此之謂也」。

4. **何以知帝亦稱天子？以法天下也。《中候》曰：「天子臣放勳。」**

《御覽》引《中候運衡》篇云：「帝堯率群臣東沉於雒刻璧，書

曰：天子臣放勛，德薄施行不元。」鄭注：「元，善也。」「放勛」即《堯典》之「放勳」。《說文・力部》「勳」，古文作「勛」。又《彳部》，「徂」字下引「勛乃徂」，蓋孔壁之古文。《周禮・司勳》注：「故書『勳』作『勛』。」是「勛」乃古文書也。案《曲禮上》云：「君前臣名。」據《中候》言堯告天自稱放勛，則放勳者，堯名也。閻氏若璩《四書釋地又續》云：「古帝王有名有號。如堯、舜、禹，其名也。放勳、重華、文命，皆其號也。非史臣之贊詞。」江氏聲《尚書集注音疏》云：「《大戴・帝系》篇云『少典產軒轅，是爲黃帝。又昌意產高陽，是爲帝顓頊。又蟜極產高辛，是爲帝嚳。帝嚳產放勳，是爲帝堯』。是放勳與軒轅同稱也。《漢書・古今人表》云『黃帝軒轅氏，帝顓頊高陽氏』。《左傳》亦稱高陽氏、高辛氏、軒轅、高陽等。既皆是氏，則放勳當同。」案《史記・五帝本紀》云「黃帝者，名曰軒轅。虞舜者，名曰重華」，以重華、軒轅論之，則堯亦當名放勳矣。果如江氏據《大戴禮》爲信，則當以堯、舜等爲名。然則黃帝亦爲名乎？蓋古時尚質，名號通稱。《淮南子・原道訓》「則名實同居」，高注：「勢位，爵號之名也。」《周書・諡法解》：「大行受大名，細行受細名。」注：「名謂號諡。」故《孟子・滕文公》注以放勳爲號，於《萬章》注又以放勳爲名也。**《書》亡逸篇曰：「厥兆天子爵。」(4)** 小字本、元本俱无「亡」字，「亡」字當是衍文。案漢初伏生口傳二十八篇，作《書傳》四十九篇，後有歐陽、大、小夏侯并傳其學，三家立於學官，訖漢東京相傳不絕，是爲今文《尚書》。漢武帝時，魯恭王壞孔子宅，得古文。孔安國以今文讀之，增多得二十四篇，遭巫蠱事，未得立於學官，爲中古文。劉向父子校理祕書，皆見之。後漢賈徽父子，孔僖、衛宏、徐巡、馬融、鄭康成并傳其學，又兼通杜林漆書，是爲古文《尚書》，然孔壁之二十四篇，馬融謂絕無師說。漢人重師承，無師說不敢強爲之解。故東京之習古文《尚書》者，亦第解伏生之二十八篇及河内女子所得之《泰誓》一篇耳。其餘皆未之注釋，故又稱逸《書》，至二十九篇及二十四篇以外，則謂之亡。亡者，并其文字盡亡之也。逸者，但逸其說也。然則此所引逸篇，當是孔壁之古文也。董豐垣輯《書大傳》以此句收入《無佚》篇，蓋未考耳。且《無佚》，《周書》，《白虎通》

引以證帝亦稱天子，其非《周書》可知。

5. 何以皇亦稱天子也？以其言天覆地載，俱王天下也。故《易》曰：「伏羲氏之王天下也。」(3)《繫辭傳下》文也。

今王弼本作「庖羲氏」，《集解》引虞翻本亦作「庖犧」，又引鄭注本作「包犧」，與此不同。惟《易·釋文》引孟喜古文《易》本作「伏戲氏之王天下也」，注：「伏，服也。戲，化也。」又引京房章句本，與孟氏同。考京氏本從梁人焦延壽學《易》，延壽常從孟喜問《易》，喜死，房以延壽《易》，即孟氏學。故京氏說《易》多與孟氏同，先儒以孟、京並稱，此之故也。《白虎通》蓋引用京、孟本也。

陳立行文時，究竟停頓到哪裏，才對《白虎通》進行疏解是不確定的，例如，《白虎通·爵·論天子爲爵稱》有五則條文所組成，除了單一前提項之條文，其他基本上都是「問題＋結論＋引典」的模式。據上文於《白虎通》原文句首所標注序號「1、2、3……」爲代表，分別對應陳立疏解每一則條文的要素如下：

1.單獨疏解「前提」。

2.綜合疏解「問題與結論」，最後疏解「引典」。

3.單獨疏解「問題」，對「結論」，有句讀則疏解，最後疏解「引典」。

4.綜合疏解「問題」與「結論」以及一處引典，最後疏解另一「引典」。

5.綜合疏解「問題」、「結論」與「引典」。

對《白虎通》的這種問答體結構形式，陳立根據需要對每一則條文所關涉的要素或單獨或綜合進行疏解。至於「補充說明」這一要素，因其與《白虎通》之「引典」的結合較爲緊密，陳立行文時往往會一起疏解申明結論。

雖然陳立對《白虎通》文本的疏解，形式多樣，不拘一格。但其在《自序》中所言「四難」，即筆者所歸納的陳立疏解《白虎通》的著力點還是非常鮮明地體現於其疏證文本之中的。上文引《白虎通·爵·論天子爲爵稱》中所標註的序號「(1)、(2)、(3)、(4)」所代表的意義分別是：(1)陳立辨明今古文說；(2)陳立溯源讖緯之原材料；(3)陳立考證文獻的原始出處；(4)陳立校勘《白虎通》原文。陳立所言「四難」，既是陳立疏解《白虎通》的著力點，又是陳立《白虎通疏證》的精華所在，鑒於此，陳立《白虎通疏證》便成爲清代研究《白虎通》的集大成之作。

第二節　校勘成績

　　大約是伴隨著著書立說，字、句訛舛便出現了，校勘便有了存在的價值與意義。對典籍之失，孔子提倡「多聞闕疑」，發展到西漢劉向、劉歆父子校理藏書，再到東漢鄭玄不拘一格，兼採今古文學說，校理羣經，校勘便賦予了「學」的道統，漸漸發展爲一門學問，即「校勘學」。到了清代，研經治學者崇尚漢學，以小學爲基礎，校勘經傳典籍，校勘學也發展到了全盛時期。以惠棟、錢大昕等爲代表的吳派與以戴震、盧文弨等爲代表的皖派都在校勘學上取得了很大成就。鑒於這種學風導向，陳立在疏解《白虎通》時，不僅吸收了前輩的校勘成果，而且取得了其獨有的校勘成績。

一、校《白虎通》原文

　　陳立在《自序》中所敘述的第四難，即涉及到《白虎通》文本，言「其舊入祕書，久同佚典……魯魚互錯，豕亥交差，同《酒誥》之俄空，若《冬官》之闕畧。雖餘姚校正，略可成書，武進補遺，差堪縷述，然亦終非全璧」〔註86〕，可見，陳立對《白虎通》文本有十分清晰的認識，雖然經過了莊述祖的補遺以及盧文弨的校正，然而《白虎通》文本還是「終非全璧」，所以，陳立在疏解時雖然基本依據抱經堂本，但文本內容的定奪在參照舊本的情況下還是有取捨的。

　　陳垣歸納總結了古書的校勘四法，即本校法、對校法、他校法以及理校法。用現在的標準衡量，陳立疏解時常常用到這四種方法或綜合運用二種以上方法，有時，單純明異文，有時還要校是非。在處理方式上，除了肯定盧文弨、莊述祖等前人之校外，陳立本人亦有創獲，表現在對《白虎通》文字訛誤、衍、脫等的校正上，還有對條文秩序的調整方面。

（一）校正訛字

　　此部分還是使用周德良所論《白虎通》文本每一則條文的五個要素說，即「前提、問題、結論、引典、補充說明性文字」，陳立在疏解時常常校正《白虎通》原文之訛字，不僅表現在對前提、問題、結論等的校勘上（爲表述簡潔，稱爲「非引典正文」），還表現在對引典的校勘上。例如：

　　〔註86〕陳立《白虎通疏證》，《皇清經解續編》第 5 冊，頁 497。

1. 校《白虎通》「非引典正文」之訛字

（1）卷六《災變‧論日月食水旱》：月食救之者，陰失明也。故角、尾交，日月食，救之者，謂夫人擊鏡，孺人擊杖，庶人之妻楔搔。

疏證：……《類聚》引《演孔圖》云：「麟，木精也。麒麟鬬，日無光。」《事類賦》引宋注云：「麟龍少陽精，鬬於地，則日月亦將爭於上。」《淮南‧天文訓》：「騏驎鬬，則日月食。」《御覽》引許注：「騏驎，獨角之獸，故與日月相符。」此「角尾」，疑亦「獨角」之誤。《周禮‧大庭氏》：「若不見其鳥獸，則以救日之弓與救月之矢射之。」《御覽》引馬注：「救日食，則伐鼓北面，體太陰。救月食，則伐鼓南面，體太陽。」以此弓矢射之，是月食救之也。月食以陽侵陰不爲慝，故但救陰北面之失明也。（第537頁中欄）

按：此處盧文弨無校。陳立引《類聚》引《演孔圖》、《事類賦》引宋注、《淮南‧天文訓》等皆言「麒麟鬬」與「日月食」之關係，陳立引《御覽》引許注「騏驎，獨角之獸，故與日月相符」，用他校法與理校法疑《白虎通》文「角尾」爲「獨角」二字之誤。之所以用「疑」字，乃文獻不足故也。今遍檢文獻，除了援引《白虎通》此文外，無有「角尾交」或「獨角交」之文，故陳立稱據文獻言「麒麟鬬，日月食」，又因麒麟之「獨角」，鬬則獨角交。陳立疑爲「獨角交，日月食」比《白虎通》文「角、尾角，日月食」更形象，故疑爲「獨角」二字，是也。

（2）卷六《封禪‧論符瑞之應》：德至地，則嘉禾生，蓂莢起，秬鬯出，太平感。

疏證：《禮》疏引《援神契》云：「王者德至於地，則嘉禾生，蓂莢起，秬鬯出。」又，《古微書‧援神契》云：「德至於地，則華萃感。」「華萃」當爲「華苹」。《御覽》引《援神契》：「王者德至於地，則華苹盛。」《宋書‧符瑞志》云：「華苹，其枝正平，王者有德則生，德剛則仰，德弱則低。漢章帝元和中，華平生郡國。」是也。是此「太平」亦當「華平」之誤，後人不知「華平」爲物，故謬改「華」爲「太」耳。（第538頁中、下欄）

按：陳立校「太平」爲「華苹」，良是。盧校本作「太平」〔註87〕，盧文
弨亦未出校注。考《太平御覽・休徵部・草・華苹》引《祥瑞圖》
曰「雙蓮爲苹」，又曰「華苹者，其枝正平，王者德剛，則仰，弱
則低」，又曰「王者政令均，則華苹」〔註88〕。又引《孝經・援神契》
曰：「王者德至於地，則華苹感。」〔註89〕

（3）卷七《聖人・論異表》：周公背僂，是謂<u>強俊</u>，成就周道，輔於幼
主。

疏證：《說文・人部》：「僂，厄也。」又云：「傴，僂也。」《禮・問喪》
注：「傴，背曲也。」《國語・晉語》注：「戚施，僂人也。」《左》
昭四年注：「僂，肩傴也。」《穀梁》成元年傳：「曹公子手僂。」
《莊子・達生》篇：「傴僂承蜩。」僂蓋曲背之疾。《淮南・修務
訓》云：「西方高土，其人面末僂，修頸卬行。」昭公七年《左傳》
「一命而僂」，是也。「<u>強俊</u>」，當爲「<u>強後</u>」，與下「<u>主</u>」韻叶，
<u>古音「後」，讀如「戶」也</u>……（第546頁下欄）

按：爲了解釋「強俊」爲「強後」之誤，應首先說明陳立對《白虎通》
文作「幼主」的選定，盧校本作「幼王」，盧注：「舊作『主』。」〔註
90〕考元大德本、元刻本作「幼主」，此處陳立改從舊本作「幼主」。
上文所言陳立疏解時雖基本依據盧校本《白虎通》，但陳立有對文
字的判定取捨，此是一則例證。「強俊」二字，盧文弨注云：「梁處
素疑當作『俊強』，方與『幼王』合韻。」〔註91〕陳立沒有照抄照
搬前人之校，而是徵引文獻，運用文字學、訓詁學、音韻學等知識，
斷定「強俊」爲「強後」之誤，「強後」，似更形象地說明後背彎曲。
「後」、「俊」，二字形近，陳立所校，良是。

陳立不僅校正訛字，有時候，陳立還會對《白虎通》「非引典文字」進行
整體的校勘。改變原來單純結論性文字的特點，而代之以「問題＋結論」的
問答體結構形式，這是陳立對《白虎通》文本創造性的校理。例如：

〔註87〕 班固等撰《白虎通》卷三上，《叢書集成初編》第238冊，頁144。
〔註88〕 李昉等撰《太平御覽》卷八七三，頁3871下欄。
〔註89〕 李昉等撰《太平御覽》卷八七三，頁3871下欄。
〔註90〕 班固等撰《白虎通》卷三上，《叢書集成初編》第238冊，頁179。
〔註91〕 班固等撰《白虎通》卷三上，《叢書集成初編》第238冊，頁179。

（4）卷七《蓍龜‧論灼龜》：<u>必以荊者，取其究音也</u>。《禮‧三正記》曰：「灼龜以荊。」

  疏證：《類聚》引《三禮圖》云：「楚焞以荊爲然，以灼龜，正以荊者，凡木心皆員，而荊心方，是以用之。」《周禮‧菙氏》云：「掌共燋契，以待卜事。」杜子春云：「燋讀如『細木焦』之焦，或讀爲『薪樵』之樵，謂所藜灼龜之木也，故謂之燋。」後鄭引《士喪禮》云：「楚焞置於燋，在龜東。」楚焞即契龜所用灼龜也。是楚焞即荊也。以荊爲究音者，盧云：「未詳。」案荊，疑即名究音，如終葵爲錐之類。<u>文當爲「荊者何？究音也」</u>。（第 545 頁下欄～第 546 頁上欄）

  按：《白虎通》之「引典」，大多是證明前說的，故此處陳立先徵引文獻，論證灼龜與燋、楚焞、荊之密切聯繫，而後關照《白虎通》正文之結論性文字，「以荊爲究音者」，盧文弨言「未詳」〔註92〕，陳立謹案「荊，疑即名究音」，「必以荊者，取其究音也」當作「荊者何？究音也」，作此校改，符合《白虎通》條文之「問題＋結論＋引典」的結構形式。這是對《白虎通》原文結構形式的顛覆性改造，雖然缺少文字依據，但陳立終究還是在校理《白虎通》文上做出了嘗試。

2. 校《白虎通》「引典」之訛字

  《白虎通》引用典籍很多，主要集中在《五經》上，即《詩》、《書》、《禮》、《易》、《春秋》，陳立疏解時對徵引文獻除了言說其來源出處外，而且還對其訛字進行校勘。主要表現在校書名與引文方面。例如：

（5）卷八《三正‧論存二王之後》：《論語》曰：「夏禮吾能言之，杞不足徵也。殷禮吾能言之，宋不足徵也。」《春秋傳》曰：「王者存二王之後，使服其正色，行其禮樂。」

  疏證：《論語》，見《八佾》篇。「<u>《春秋傳》</u>」，當爲「<u>《春秋說》</u>」。《公羊》隱三年「春王二月」，注：「二月、三月皆有『王』者，二月，殷之正月也。三月，夏之正月也。王者存二王之後，使統其正朔，服其服色，行其禮樂，所以尊先聖，通三統。師法之義，恭讓之道，於是可得而觀（矣／之）。」（第 550 頁下欄）

〔註92〕班固等撰《白虎通》卷三上，《叢書集成初編》第238冊，頁174。

按：「王者存二王之後」云云，非出《春秋傳》，陳立引《公羊傳・隱公三年》何休注文爲證，陳立改作《春秋》說，良是。盧文弨未出校注。

（6）卷四《封公侯・論興滅繼絕之義》：君見弒，其子得立何？所以尊君，防篡弒也。《春秋經》曰「齊無知殺其君」，貴妾子，公子糾當立也。

疏證：此《公羊春秋》說也。「殺其君」當爲「弒其君」。莊八年：「齊無知弒其君諸兒。」九年：「公伐齊納糾。」傳：「糾者何？公子糾也。何以不稱公子？君前臣名也。」注：「嫌當爲齊君在魯，君前不爲臣禮。」又云：「齊人取子糾殺之。」傳：「其稱子糾何？貴也。其貴奈何？宜爲君者也。」注：「故以君薨稱子某言之者，著其宜爲君。」然則《公羊》家以襄無嫡子，子糾爲襄公貴妾子，宜立爲君也……（第520頁上欄）

按：「殺其君」，當爲「弒其君」，《春秋》微言大義，一字褒貶。《說文・殺部》：「臣殺君也。《易》：『臣弒其君。』从殺省，式聲。」段玉裁注：「按述其實則曰殺君，正其名則曰弒君。《春秋》正名之書也。故言弒，不言殺。」[註93] 段說，是也。

以上各例，陳立皆採取以「不校校之」的原理來處理《白虎通》原文，本著「不輕改古書」的原則來保持文獻原貌。另一方面，若證據確鑿，陳立則採取改動原文的方式，徑改《白虎通》原文，然後疏解時再予以說明。例如：

（7）卷五《諫諍・總論諫諍之義》：後承主，匡正常，考變失，四弼興道，率主行仁。

疏證：「承」，或作「丞」。《漢書・百官表》：「丞者，承也。」《大戴・保傅》云：「博聞强記，接給而善對者，謂之丞。丞者，承天子之遺忘者也。」「失」，舊作「夫」，屬下讀，疑當改爲「失」。（第530頁下欄）

按：「承」，元大德本、元刻本作「承」，盧校本亦作「承」[註94]。陳立用「或作」的考校術語，提出異文，徵引文獻證明己校，因其爲「或作」，蓋版本不同，故未作校改。又，「失」，陳立稱舊作「夫」，考元大德本作「天」，疑「夫」之誤，元刻本作「夫」，盧校本作

[註93] 段玉裁《說文解字注》三篇下，頁120下欄。
[註94] 班固等撰《白虎通》卷二下，《叢書集成初編》第238冊，頁113。

「夫」〔註95〕，盧文弨亦未出校注。「夫」，屬下讀，未嘗不可，但是「考變」二字，似未足句，陳立徑改作「失」，屬上讀，作「考變失」，良是。

（二）補足脫文

1. 補《白虎通》「非引典正文」之脫文

（1）卷四《五行・論陰陽盛衰》：其位在北方，其音羽，羽之爲言舒，言萬物始孳。

疏證：「其音羽」上，脫「其色黑」三字。羽、舒亦諧聲爲義……（第523頁下欄）

按：據《白虎通》上文「位在東方，其色青，其音角，【角】者，氣動躍也」〔註96〕，「位在南方，其色赤，其音徵，徵，止也，陽度極也」〔註97〕，「其位西方，其色白，其音商，商者，強也」〔註98〕，此三處行文皆相似，此句「其位在北方，其音羽，羽之爲言舒，言萬物始孳」，「其音羽」上，應補「其色黑」三字，陳立所校，良是，但未徵引文獻說明「其位在北方，其色黑」之文獻依據。考明代章潢《圖書編・五行間色》云：「五行之理有相生者，有相克者，相生爲正色，相克爲間色。正色，青、赤、黃、白、黑也。間色，綠、紅、碧、紫、流黃也。水生木，木色青，故青者，東方也。木生火，其色赤，故赤者，南方也。火生土，其色黃，故黃者，中央也。土生金，其色白。故白者，西方也。金生水，其色黑，故黑者，北方也。此五行之正色也。」〔註99〕

（2）卷九《五刑・論刑不上大夫》：故禮爲有知制，刑爲無知設也。庶人雖有千金之幣，不得服。刑不上大夫者，據禮無大夫刑。

疏證：《曲禮》疏引云：「禮爲有知制，刑爲無知設，謂酬酢之禮不及庶人，勉民使至於士也。」故《士相見禮》云：「庶人見於君，不爲容，進退走。」是也。盧云：「此段容有正義所增改。」案「不得

〔註95〕班固等撰《白虎通》卷二下，《叢書集成初編》第238冊，頁113。
〔註96〕陳立《白虎通疏證》卷四，《皇清經解續編》第5冊，頁523上欄。
〔註97〕陳立《白虎通疏證》卷四，《皇清經解續編》第5冊，頁523中欄。
〔註98〕陳立《白虎通疏證》卷四，《皇清經解續編》第5冊，頁523中欄。
〔註99〕章潢《圖書編》卷二二，文淵閣《四庫全書》第969冊，頁344。

服」下，有脫文，當是「不得弗服刑」也。（第 562 頁上欄）

按：盧文弨此處未出校。據文義，庶人「雖有千金之幣」，亦應「服刑」，而「不得服」，與文義相悖。陳立校作「不得弗服刑」，雙重否定，表示肯定之意，意思是「庶人得服刑」，正與文義合。陳立採用理校的方法，校補良是。

2. 補《白虎通》「引典」之文字

卷六《巡狩・論巡守述職行國行邑義》：一年物有終始，歲有所成。方伯行國，時有所生，諸侯行邑。傳曰：「周公入爲三公，出作二伯，中分天下，出黜陟。」

疏證：《公羊》隱五年傳：「自陝以東，周公主之。自陝以西，召公主之。」《說苑・貴德》篇引《詩》傳同。蓋《魯詩》傳也。《周禮・春官》云：「八命作牧，九命作伯。」周制一州一牧二伯，牧以侯爲之，牧下之伯，以伯爲之。殷則牧亦謂之伯。《王制》所云「州伯」是也。外有方伯，一方伯統四州半。僖四年《左傳》云：「五侯九伯，汝實徵之。」《詩》疏引鄭答張逸，以侯即牧伯，即牧下之伯，是也。時太公入爲太師，出作方伯，故有是命。是周制二伯皆以三公爲之，故上公九命，方伯亦九命也。所引「傳曰」，未知出何書。「周公」下，疑脫「召公」二字。（第 539 頁下欄）

按：此處盧文弨未出校。陳立言「『傳曰』，未知出何書」，現遍檢羣書，亦無源頭，闕疑待考。陳立所云「周公」下，當補「召公」二字，據文義「出作二伯，中分天下」，應補「召公」。又，據《白虎通》下文：「《詩》曰：『周公東征，四國是皇。』言東征述職，周公黜陟而天下皆正也。又曰：『蔽芾甘棠，勿翦勿伐，召伯所茇。』言召公述職，親說舍於野樹之下也。」〔註 100〕此爲《白虎通》「引典＋補充性說明」之文，分別敘述「周公」與「召公」巡守之功德，是爲了印證《白虎通》上文的，則上文應有「召公」，陳立之校補，良是。

有時候，陳立在疏解時還對《白虎通》原文從整體上進行補充，以求其符合《白虎通》問答體的結構形式與整體模式。例如：

〔註100〕陳立《白虎通疏證》卷六，《皇清經解續編》第 5 冊，頁 539 下欄。

卷九《姓名·論名》:《春秋》譏二名何?所以譏者,乃謂其無常者也。若乍爲名,祿甫元言武庚。

疏證:此文有訛脫,**當云「《春秋》譏二名何?爲其難諱也。或曰:所以譏者,乃謂其無常者也。若乍爲名,祿甫元名武庚」**。《公羊》定六年傳云:「此仲孫何忌也,曷爲謂之仲孫忌?譏二名,二名,非禮也。」注:「爲其難諱也。一字爲名,令難言而易諱,所以長臣子之敬,不逼下也。」《白虎通》說《春秋》,盡本《公羊》,此必亦先以《公羊》說爲主。「或曰」以下,乃《左氏》古文說也。《禮》疏引《異義》:「《公羊》說,譏二名,謂二字作名,若魏曼多是也。《左氏》說,二名者,楚公子棄疾弑其君,即位之後改爲熊居,是爲二名。謹案:文、武賢臣有散宜生、蘇忿生,則《公羊》之說,非也。」然則《左氏》先師亦有譏二名之說,但不以二字作名爲二名,故有無常之譏也……(第557頁中、下欄)

按:陳立此處補「爲其難諱也或曰」七字。「或曰」,是《白虎通》原文存異說的一種模式,正如陳立所言:「《白虎通》雜論經傳,多以前一說爲主,『或曰』,皆廣異聞也。」〔註101〕此處陳立斷定:「《白虎通》說《春秋》,盡本《公羊》,此必亦先以《公羊》說爲主。『或曰』以下,乃《左氏》古文說也。」故陳立據《公羊傳》何休注增補「爲其難諱也」五字,所謂「譏二名」,此「二名「爲「二字作名」,難避諱二字。「或曰」下,乃《左傳》所謂「譏二名」,此「二名」爲兩個名字的意思,類同「楚公子棄疾弑其君,即位之後改爲熊居」,則有反覆無常,無定性之嫌,即《禮》疏引《異義》所論。陳立本著《白虎通》多主今文說的思想,據《公羊傳》何休注補「爲其難諱也」五字,是也,又補「或曰」,存異說,以申明《左氏》古文經典之言,符合《白虎通》論說的行文模式。

(三)刪正衍文

1. 刪《白虎通》「非引典正文」之文字

卷九《姓名·論氏》:禹姓姒氏,祖昌意以薏苡生。

疏證:《大戴·帝系》篇云:「黃帝產昌意,昌意產顓頊。」又云:「顓頊

〔註101〕陳立《白虎通疏證》卷一,《皇清經解續編》第5冊,頁499下欄。

產鯀，鯀產文命，是爲禹。」《山海經》注引《世本》文同。皆以禹祖昌意。**案此「昌意」，不當增。**《御覽》引《含文嘉》云：「夏，姒姓，以薏苡生。」《吳越春秋》：「鯀娶有莘之女，年壯未孳，嬉於砥山，得薏苡而吞，意若爲人所感，因而妊孕，剖腹而生禹。」《史記》注引《斗威儀》云：「禹母修己吞薏苡而生禹，因姓姒氏。」是則禹以母吞薏苡而生也。薏苡者，《本草》云：「薏苡仁，開紅白花，結實青白色，形似珠而稍長。」《後漢・馬援傳》「南方薏苡實大」，是也。小字本無「昌意」二字。案班氏用感生之說，則不信《大戴記》，其不以「禹祖昌意」，明矣。（第556頁下欄）

按：考元大德本、元刻本作「祖以億生」。盧校本作「祖昌意以薏苡生」，盧文弨注：「此條舊多訛脫，全據《御覽》補正。」〔註102〕又，盧文弨《〈白虎通〉校勘補遺》云：「『昌意』二字不當增。」〔註103〕盧文弨修正了之前其對《白虎通》文的校勘，但未言緣由。陳立綜合使用他校法、對校法與理校法，既有文獻依據，又有版本依據，還有理論根據，明確說明「昌意」二字實是衍文，甚爲公允。

2. 刪《白虎通》「引典」之文字

（1）**卷一《爵・論天子爲爵稱》：《書》亡逸篇曰：「厥兆天子爵。」**

疏證：**小字本、元本俱无「亡」字，「亡」字當是衍文。**……亡者，并其文字盡亡之也。逸者，但逸其說也。然則此所引逸篇，當是孔壁之古文也。董豐垣輯《書大傳》以此句收入《無佚》篇，蓋未考耳。且《無佚》，《周書》，《白虎通》引以證帝亦稱天子，其非《周書》可知。（第498頁中欄）

按：盧文弨注：「《書》亡逸之篇也。今《尚書大傳・無佚》有此文，蓋後人誤竄入之，不足據也。」〔註104〕又盧文弨《〈白虎通〉校勘補遺》云：「小字本、元本俱無『亡』字，是其《社稷》篇中『太社唯松』云云，俱作《尚書》亡篇，案《北史》引《五經要義》及《御覽》亦皆作《逸》篇。」〔註105〕孫星華《〈白虎通義〉校勘記》作

〔註102〕班固等撰《白虎通》卷三下，《叢書集成初編》第239冊，頁224。
〔註103〕盧文弨《〈白虎通〉校勘補遺》，《叢書集成初編》第239冊，頁18。
〔註104〕班固等撰《白虎通》，《叢書集成初編》第238冊，頁2。
〔註105〕盧文弨《〈白虎通〉校勘補遺》，《叢書集成初編》第239冊，頁2。

「書無逸篇」，孫注：「傅本、揚本，均與此本（即「清光緒中福州書局重刊武英殿聚珍版本也」〔註106〕）同。盧本『無』作『亡』……孫星華按『陳氏立《白虎通疏證》云：『此所引逸篇，當是孔壁古文也，《無佚》，《周書》，引以證帝亦稱天子，其非《周書》可知。』所說較盧氏尤精當。從小字本、元本……爲是。」〔註107〕盧文弨未校是非，陳立則超越盧說，以「理校法」，斷定此「亡」字爲衍文，良是。

（2）卷三《禮樂‧論帝王禮樂》：《禮記》曰：「黃帝樂曰《咸池》，顓頊樂曰《六莖》，帝嚳樂曰《五英》，堯樂曰《大章》，舜樂曰《簫韶》，禹樂曰《大夏》，湯樂曰《大濩》，周樂曰《大武象》，周公之樂曰《酌》，合曰《大武》。」

疏證：疑《禮》逸篇文也。《初學記》引《叶圖徵》云：「黃帝樂曰《咸池》，顓頊曰《六莖》，帝嚳曰《五英》，堯曰《大章》，舜曰《簫韶》，禹曰《大夏》，殷曰《大濩》，周曰《酌》，又曰《大武》。」《周禮》疏引《叶圖徵》載顓頊、帝嚳之樂，五、六互異……《通典‧樂一》雜引《帝系譜》、《孝經緯》、《帝王世紀》，又有伏羲樂曰《扶來》，亦曰《立本》，神農樂名《扶持》，亦曰《下謀》，少昊曰《大淵》，皆佚《禮》文所未及。<u>案此文當云「周樂曰《象》」，以文、武之樂俱有象名故也。上「大武」二字，衍文。</u>（第512頁上欄）

按：考《太平御覽‧樂部‧雅樂下》引《墨子》云：「武王勝殷殺紂，環天下自立以爲王。事成功立，無大後患，因先王之樂，又自作樂，命曰《象》。」〔註108〕可見，武王因文王之樂，命曰《象》。又，《白虎通》下文云：「合曰《大武》者，天下始樂周之征伐行武……周室中制《象》樂何？殷紂爲惡日久，其惡最甚，斮涉刳胎，殘賊天下。武王起兵，前歌後儛。克殷之後，民人大喜，故中作所以節喜盛。」〔註109〕故此「周樂曰《大武象》」，陳立校作「周樂曰《象》」，良是。

〔註106〕宋聯奎、王健、吳廷錫《白虎通義校勘記‧跋》，附於《白虎通義校勘記》，《叢書集成續編》第16冊，頁507。
〔註107〕孫星華《白虎通義校勘記》卷一，《叢書集成續編》第16冊，頁467上欄。
〔註108〕李昉等撰《太平御覽》卷五六五，頁2552上欄
〔註109〕陳立《白虎通疏證》卷三，《皇清經解續編》第5冊，頁512中下欄。

（四）移正錯亂

陳立所移正的錯亂，既包括對字句的乙正，又包括對篇章結構的移正，現分別舉一例論說，如下：

1．卷六《災變·論日月食水旱》：月食救之者，陰失明也。故角、尾交，日月食救之者，謂夫人擊鏡，孺人擊杖，庶人之妻楔搔。

疏證：「**楔搔**」，**似當為「搔楔**」。《說文·木部》：「楔，櫼也。」《爾雅·釋宮》「根謂之楔」，注：「門旁兩木枨。」謂以手搏楔，猶《穀梁》莊二十五年所說「大夫擊門，士擊柝」，以救日也。（第 537 頁中欄）

按：此處盧文弨無校。陳立用他校法，徵引文獻予以說明「楔搔」，倒文，當作「搔楔」，是也。考《說文·手部》云：「搔，刮也。從手蚤聲。」段玉裁注：「刮者，掊杷也。掊杷，正搔之訓也。《內則》『疾痛苛養敬抑搔之』，注曰：『抑，按。搔，摩也。』摩馬曰騷，其聲同也。又《疒部》：『疥，搔瘍也。』瘍之需手搔者，謂之搔瘍，俗作『瘙瘍』。」〔註110〕《漢書·枚乘傳》：「夫十圍之木，始生如蘗，足可搔而絕，手可擢而拔，據其未生，先其未形也。」師古曰：「如蘗，言若蘗之生牙也。搔謂抓也。搔音索高反。抓音莊交反。」〔註111〕又，「搔楔」與《白虎通》上文「擊鏡」、「擊杖」文例同，皆屬於動賓結構。此當作「搔楔」，陳立「謂以手搏楔」，是也。

2. 卷一二《闕文·田獵》：鳥所以飛何？鳥者，陽也。飄輕，故飛也。

疏證：據《御覽》九百十四補。自「囿，天子百里」至此，莊氏皆附《雜錄》。案此應屬《田獵》篇。（第 583 頁下欄）

按：陳立言「自『囿，天子百里』至此，莊氏皆附《雜錄》」。考盧校本《白虎通》「囿，天子百里」云云〔註112〕，與「鳥所以飛何」云云〔註113〕，亦非接續在一起的文句，陳立審校文義，創造性地綴連此二文，並移正至「《田獵》」篇，甚為得當。

〔註110〕段玉裁《說文解字注》一二篇上，頁 601 下欄。
〔註111〕班固撰，顏師古注《漢書》卷五一，頁 2360-2361。
〔註112〕莊述祖《白虎通闕文》，《叢書集成初編》第 239 冊，頁 13。
〔註113〕莊述祖《白虎通闕文》，《叢書集成初編》第 239 冊，頁 15。

（五）闕疑待考

對於《白虎通》文本的訛、脫、衍文等情況，在證據確鑿的情況下，陳立有理有據的進行校理。而對於難以解決的疑惑，陳立則錄存之，闕疑待考。例如：

1. 卷四《封公侯·論封諸侯親賢之義》：又卿不世位，為其不子愛百姓，各加一功，以虞樂其身也。
   疏證：「卿不世位」，義具下。此就諸父不得封推言之也。「**各加一功**，**疑有訛。**」（第 518 頁中欄）
   按：「各加一功」，盧文弨未出校注，陳立錄存之，闕疑。今遍檢文獻，實無「各加一功」之文，亦從陳立闕疑待考。

2. 卷五《諫諍·論子諫父》：臣之諫君何法？法金正木也。子之諫父，法火以揉木也。臣諫君以義，故折正之也。子諫父以恩，故但揉之也，木無毀傷也。待放（木／去），取法於水火，無金則相離也。
   疏證：見《五行》篇。「**待【放】去」以下，疑有衍脫。**」（第 531 頁下欄）
   按：盧本作「待放木」〔註114〕，盧文弨未出校注，但盧文弨《〈白虎通〉校勘補遺》云：「影鈔小字本、元本『木』字俱作『去』，當從之。」〔註115〕陳立對此句未作疏解，言『『待放去』以下，疑有衍脫」，闕疑待考。

二、校盧文弨之注

陳立基本上是據盧校本《白虎通》進行疏解的，對盧文弨的校注也吸收了很多，或者直接稱引，或者轉為己語（抄襲）。對盧文弨之失，陳立或改從舊本，或仍從盧校本，有時，陳立會校正盧文弨注的訛、脫、衍等。

（一）校盧注訛文

1. 卷七《攷黜·論九錫》：車者，謂有赤有青之蓋，朱輪，**特能居前，左右寢米也。**
   疏證：盧氏從周廣改「特能」為「特熊」，「寢米」為「寢麋」。案「能」，即「熊」字，昭七年《左傳》：「晉侯有疾，夢黃熊入於寢門。」《王

〔註114〕班固等撰《白虎通》卷二下，《叢書集成初編》第 238 冊，頁 117。
〔註115〕盧文弨《〈白虎通〉校勘補遺》，《叢書集成初編》第 239 冊，頁 11。

制》注引作「黃能」。《爾雅・釋魚》:「鱉,三足能。」《禮》疏引先師說,或以爲即黃熊,**是特能,即特熊也**。《通典》引《古今注》:「武帝天漢四年,令諸侯王大國朱輪,特虎居前,左兒右麋,小國特熊居前,麋皆居左右。」《續漢志》:「皇太子、皇子皆安車朱輪,飛軨青蓋。」蓋以漢制明古制也。寢,伏也。**「米」,即「麋」叚借。**……盧云:「寢者,以其皮爲席……」(第 542 頁上欄)

按:「特能居前左右寢米也」,考元大德本、元刻本作「特能居前左右寢米庶也」。盧校本作「特熊居前,左右寢麋也」,盧文弨注云:「『特熊』舊訛『特能』,『寢麋』舊訛『寢米庶』,今從周改。劉昭注《續漢・輿服志》引《古今注》曰:『武帝天漢四年,令諸侯王,大國,朱輪,特虎居前,左兒右麋。小國,朱輪,畫特熊居前,寢麋居左右。』案寢者,以其皮爲席。」〔註116〕陳立徵引文獻,以假借字疏通二字之關係,「能」與「熊」,米」與「麋」乃假借字。陳立對盧校撥亂反正,也對《白虎通》舊本進行了審校,刪「庶」字,當作「特能居前,左右寢米也」,良是。

2. 卷一〇《嫁娶・論不娶有五》:有五不娶。亂家之子不娶,逆家之子不娶,世有刑人、惡疾,**喪婦長子**,此不娶也。

疏證:《大戴・本命》篇云:「女有五不取,逆家子不取,亂家子不取,世有刑人不取,世有惡疾不取,喪婦長子不取。逆家子者,爲其逆德也。亂家子者,爲其亂人倫也。世有刑人,爲其棄於人也。世有惡疾,爲其棄於天也。喪婦長子,爲其無所受命也。」《公羊》莊二十七年注:「喪婦長女不取,無教戒也。世有惡疾不取,棄於天也。世有刑人不取,棄於人也。亂家女不取,類不正也。逆家女不取,廢人倫也。」**「喪婦」當爲「喪父」。**故閻氏若璩《潛邱箚記》云:「長子,蓋女子長成者,而當嫁,而適遭父喪,故曰喪父長子,故曰無所受命。此即《曾子問》昏禮既納幣有吉日而女之父母死,壻弗娶事耳。」說甚允洽。然則何氏謂「無教戒」者,亦謂《昏禮》父送女,命之曰「戒之敬之」,又庶母等申以父母之命,今新遭親喪,故無教戒也。(第 568 頁中欄)

〔註116〕班固等撰《白虎通》卷三上,《叢書集成初編》第 238 冊,頁 157-158。

按：「喪婦長子」，元大德本、元刻本亦作「喪婦長子」。盧校本作「喪婦長子」，盧注云：「《大戴禮》及何休注《公羊傳》皆作『喪婦長子』，與此同，休云：『喪婦長女不娶，無教戒也，義更明。《家語》改『喪婦』作『喪父』，非。」〔註117〕盧文弨認爲「喪婦」，是。陳立不從舊本，亦未從盧校，以他校法與理校法說明之，除了盧文弨稱《孔子家語》作「喪父」外，陳立又引閻氏若璩《潛邱箚記》爲根據，後又說明「無教戒」之含義，可謂有理有據，「喪婦」當爲「喪父」，是也。

（二）校盧注脫文

1. 卷八《三綱六紀·論六紀之義》：君臣者，何謂也？君，羣也，羣下之所歸心也。<u>臣者，繾堅也</u>，屬志自堅固也。《春秋》傳曰：「君處此，臣請歸也。」

疏證：《廣雅·釋言》云：「君，羣也。」《韓詩外傳》及《繁露·深察名號》篇云：「君者，羣也。」《周書·諡法解》：「從之成羣稱君。」是羣下所歸心稱君也。《古微書》載《援神契》云：「臣者，堅也。」盧本刪「繾」字。案《廣雅·釋言》云：「臣，繕也。」繕、繾皆與臣同韻，故得訓也。<u>然「繾堅」二字不當連，疑「繾」下，脫「也」字。</u>（第552頁上欄）

按：「臣者繾堅也」，元大德本、元刻本同。盧校本作「臣者堅也」，盧注云：「《曲禮上》正義引此同，唯無『固』字，舊本作『臣者繾堅也』，『繾』字衍，《廣雅》：『臣，堅也。』又《儀禮通解》引此作『臣，牽也，事君象屈服之形也』，則與今《說文》同。《論語》疏『牽』誤作『奉』，他書無有用『繾』字訓臣者。《內經》云『膻中者，臣使之官』，若以訓此則迂矣，且『繾堅』不當連文，下又無釋，是以刪之。」〔註118〕陳立引《廣雅·釋言》文，云：「繕、繾皆與臣同韻，故得訓也」，是也。盧文弨掌握材料不足，造成誤刪以致脫文。

2. 卷一一《崩薨·論尸柩》：尸柩者，何謂也？<u>尸之爲言陳也</u>。失氣亡神，形體獨陳。

疏證：《禮記·曲禮》「在牀曰尸」，注：「尸，陳也。言形體獨陳也。」《御

〔註117〕班固等撰《白虎通》卷四上，《叢書集成初編》第239冊，頁266-267。
〔註118〕班固等撰《白虎通》卷三下，《叢書集成初編》第239冊，頁205。

覽》引邱氏《禮統》云：「尸之爲言矢也，陳也。」《說文‧尸部》：
「尸，陳也。象臥之形。」《小雅‧祈父》云：「有母之尸饔」，傳：
「尸，陳也。」《禮記‧郊特牲》云：「尸，陳也。」「陳也」上，
舊有「失也」二字，盧據《書鈔》、《御覽》所引無。案「失也」，
即「矢也」之訛。（第 578 頁中欄）

按：「尸之爲言陳也」，元大德本、元刻本作「尸之爲言失也陳也」，有「失
也」二字。盧校本作「尸之爲言陳也」，盧注云：「『陳也』上舊有『失
也』二字，《書鈔》、《御覽》所引皆無之。《御覽》載《禮統》有『矢
也、陳也』之語，今案『矢』亦『陳也』，作『失』字義所不安，今
去之。」〔註119〕而陳立引《御覽》引邱氏《禮統》文，認定此二字
非衍文，且「失」，即「矢」字訛，良是。盧文弨誤刪，應補「矢也」
二字。

（三）校盧注衍文

1. 卷三《禮樂‧論侑食之樂》：諸侯三飯，卿大夫再飯，尊卑之差也。《弟
子職》曰「暮食復禮」，士也。食力無數。庶人職在耕桑，戮力勞役，
飢即食，飽即作，故無數。

疏證：「食力無數」，見《禮‧禮器》，注云：「食力謂工、商、農也。」
疏引庾云：「食力，力作以得食也。」食力，即庶人。盧於「食力」
上，增「庶人」二字，衍文也。（第 514 頁下欄）

按：元大德本、元刻本亦作「食力無數」，盧校本作「庶人食力無數」，
盧注云：「庶人二字舊脫，今補。」〔註120〕盧文弨畫蛇添足，造成
語義重複。「食力無數」，確實如陳立所云，乃《禮記‧禮器》文，
鄭玄注：「食力謂工、商、農也。」孔穎達疏：「食力無數者，食力，
謂工、商、農，庶人之屬也。以其無德不仕，無祿代耕，故但陳力
就業乃得食，故呼食力也。此等無德以飽爲度，不須告勸，故飧無
數也。庾云：『食力，力作以得食也。』」〔註121〕「食力」，乃庶人
之謂，陳立所校，良是。

〔註119〕班固等撰《白虎通》卷四下，《叢書集成初編》第 239 冊，頁 301。
〔註120〕班固等撰《白虎通》卷一下，《叢書集成初編》第 238 冊，頁 59。
〔註121〕孔穎達《禮記正義》卷二三，阮元校刻《十三經注疏》本，頁 1432 下欄-1433
上欄。

2. 卷四《五行・論陰陽盛衰》：衰於戌。戌者，滅也。律中無射。<u>無射者，
　　無聲也</u>。

疏證：……《禮・月令》：「季秋之月，律中無射。」案此文上下皆未釋
　　　律義，<u>此「無射者」六字，疑衍文</u>。（第 523 頁中欄）

按：盧校本作「無射者，無厭也」，盧文弨校注：「舊作『無聲也』，誤，
　　《漢書・律曆志》云：『無聲者，無厭已也。』」〔註122〕考元大德、
　　元刻本作「無射者無聲也」，陳立改從舊本。考《白虎通》上下文皆
　　有「律中夷則」、「律中南呂」、「律中應鐘」等，皆以律名作結，而
　　未釋律義，上下文例當同，陳立以理校法判定此六字爲衍文，是也。
　　盧文弨校誤。

（四）校盧注之錯亂

　卷三《社稷・論歲再祭》：歲再祭之何？春求秋報之義也。故《月令》仲
春之月，【擇元日】，命民社。仲秋之月，擇元日，命民社。《援神契》曰：「仲
春祈穀，仲秋獲禾，報社祭稷。」

疏證：「秋報」二字，舊作「穀」，盧據劉昭注改。舊文多訛。盧云：「今
　　　《月令》無『仲秋之月，擇元日，命民社』之文，而《御覽》五
　　　百三十二引《禮記・月令》仲春、仲秋皆有之，并注云：『賽秋成
　　　也。元日，秋分前後戊日。』此處無之，乃於《大夫有社稷》條
　　　內，出『月令曰擇元日命人社』，正此處文而誤衍於後。其作『人
　　　社』正與《御覽》同。其『仲秋之月』四字，則後人減落耳。」「又
　　　『祈穀仲秋』四字脫，今補正。」<u>案謂此處有脫文則可，謂脫於後
　　　則非</u>。下「大夫有社稷」條內，當亦引「命民社」之說，以證大夫
　　　之社，非衍文也。（第 509 頁下欄）

按：除了陳立疏解時所引用的盧注外，盧文弨注又云：「此處春、秋兼舉，
　　方與再祭義合，下可不必復出，即以『民』爲『人』，疑出於唐《月
　　令》，然亦必洽舊文，斷非創造，況《御覽》明標《禮記・月令》合
　　乎今，故補此刪彼。」〔註123〕盧校本《白虎通・論大夫有社稷》云：
　　「大夫有民，其有社稷者，亦爲報功也。《禮・祭法》曰：『大夫以

〔註122〕班固等撰《白虎通》卷二上，《叢書集成初編》第 238 冊，頁 87。
〔註123〕班固等撰《白虎通》卷一上，《叢書集成初編》第 238 冊，頁 39。

下，成羣立社，曰置社。』……」盧注云：「『以下』二字舊脫，此下復衍『月令曰擇元日命民社』九字，今移置前。」〔註124〕盧謂「移置前」，則是移九字在此《論歲再祭》之條內。陳立認爲盧文弨對文本的移動是錯誤的，此九字，無須移，只需明《論歲再祭》有脫文，補「仲秋之月，擇元日，命民社」是也。

三、校徵引文獻

陳立疏解《白虎通》時徵引了大量的文獻，對經、史、子、集四部皆有涉獵，同時還校正這些典籍所存在的訛、脫、衍等的情況。

（一）校訛字

卷六《封禪·論封禪之義》：五帝禪於亭亭之山。亭亭者，制度審諟諦，道德著明也。

　　疏證：《風俗通·正失》云：「五帝禪於亭亭，德不及皇。亭亭名山，其身禪於聖人。」案《文選》注：「亭，定也。」即審諟之義也。《漢書·地理志》「泰山郡鉅平有亭亭祠」，即此。**《御覽》引逸《禮》云：「五帝禪云云，特立於身也。」「云云」，當「亭亭」之誤。**（第538頁中欄）

　　按：考《太平御覽·禮儀·封禪》引《禮記·逸禮》曰：「三皇禪云云，盛意也。五帝禪云云，特立於身也。三王禪梁父，連延不絕，父死子繼也。」〔註125〕《太平御覽》實作「云云」，誤，陳立校爲「亭亭」，良是。《文選》所收王元長《三月三日曲水詩序》李善注引《禮記·逸禮》云：「三皇禪云云，五帝禪亭亭。」〔註126〕

（二）校脫文

卷一〇《嫁娶·論大夫受封不更聘及世子與君同禮》：天子之太子，諸侯之世子，皆以諸侯禮娶，與君同，示無再娶之義也。

　　疏證：次「諸侯」上，當有「天子」二字。**《御覽》一百四十七亦脫。**（第566頁中欄）

〔註124〕班固等撰《白虎通》卷一上，《叢書集成初編》第238冊，頁41-42。
〔註125〕李昉等撰《太平御覽》卷五三六，頁2429上欄。
〔註126〕蕭統選編，呂延濟等注《文選》卷四六，頁713下欄。

按：陳立此據文義校，因上文言「天子之太子，諸侯之世子」，此當從上
言「皆以天子、諸侯禮娶」爲是，語義甚明。考《太平御覽・皇親
部・太子二》引《白虎通》亦作「皆以諸侯禮娶」〔註127〕，亦脫「天
子」二字。陳立所校，良是。

（三）校衍文

卷三《社稷・論社無屋有樹》：《尚書》逸篇曰：「大社唯松，東社唯柏，
南社唯梓，西社唯栗，北社唯槐。」

疏證：此孔壁古文也。孔壁古文雖見於漢時，兩京諸儒但習其文字、句
讀而已。故馬氏云：「絕無師說。」鄭康成於今文二十九篇，古文
十六篇外，皆注曰「亡」。於孔壁文則注曰「佚」，言佚其說也。《續
漢志》注引馬氏《周官》注云：「社稷在右，宗廟在左。或曰：王
者五社：大社在中門外，惟松；東社八里，唯柏；西社九里，唯
栗；南社七里，唯梓；北社六里，唯槐。」蓋皆佚古文說也。《北
史・劉芳傳》亦引《尚書》逸篇「大社惟松」。<u>又《郊特牲》疏、
《初學記》引其「大社唯松」五句，稱《尚書・無逸》篇，「無」
字，當衍文也。</u>（第510頁下欄）

按：陳立所言確鑿，考《初學記・禮部・社稷》注實引《尚書・無逸》
篇曰「大社惟松」云云〔註128〕。《禮記・郊特牲》孔疏「案《尚書・
無逸》篇曰」云云〔註129〕，阮元校：「齊召南云：『按「無」字，衍，
此《尚書》逸篇文也，見《後漢志》注。』」〔註130〕陳立採用理校
法與他校法，校「無」，衍，是也。

陳立疏解時校徵引文獻之訛誤，一方面校所引典籍之誤；另一方面校
其他典籍引《白虎通》文之訛誤，如上所舉脫文例。在處理方式上，陳立
有時只明異文，有時則要判是非。這種案例還有很多，限於篇幅，茲不贅
述。

〔註127〕李昉等撰《太平御覽》卷一四七，頁717下欄。
〔註128〕徐堅等著《初學記》卷一三，頁326。
〔註129〕孔穎達《禮記正義》卷二五，阮元校刻《十三經注疏》本，頁1450上欄。
〔註130〕阮元《十三經注疏校勘記》，阮元校刻《十三經注疏》本，頁1452上欄。

第三節　訓詁成績

訓詁，即詁訓，孔穎達認爲「詁訓者，通古今之異辭，辨物之形貌，則解釋之義盡歸於此」〔註131〕，訓詁的最終目標便是闡釋意義。從漢語的基本構成單位字、詞、句來說，訓詁的任務便是探求字義、詞義、句義，而探求「義」的這一過程，並不是先從最小的語言單位「字」開始的，有時候是相互推求的，爲明確字義，離不開詞義與句義；爲明詞義，不能脫離字義與句義；爲明句義，更離不開字義與詞義的探求。漢字，是形、音、義的結合體，那麼，在訓詁學的發展中，《說文解字》、《釋名》與《爾雅》便代表了以形體、聲音、釋義爲主導而達到闡釋意義目的的著作。

洪誠先生認爲「訓詁起於語言之變」〔註132〕，說到語言的變化，表現最爲突出的，可以追溯到漢代，原因之所在便是今古文的問題。今文學者的微言大義與古文學家的文字考證結合起來，使得漢代的經學在歷史上具有舉足輕重的地位。「漢代是訓詁初興時期，隋唐是保守時期，宋代是變革時期」〔註133〕，發展到清代，訓詁成績卓著，漢學復興，清儒以文字、音韻爲基礎，例如，江永、戴震、錢大昕、段玉裁、以及高郵王氏父子等等，提出了一系列訓詁的原理與方法，在訓詁學上取得了輝煌的成就。在清儒學風的影響下，陳立疏解《白虎通》時，在尊崇《白虎通》考證與微言大義相結合的文章範式上，利用清代已有的訓詁方法，使得《白虎通疏證》在考證名物與解釋禮制方面更詳實完備，同時在一定程度上也爲文字學、音韻學以及語源學等的研究儲備了大量的文獻資料。

《後漢書・蔡邕傳》：「昔孝宣會諸儒於石渠，章帝集學士於白虎，通經釋義，其事優大，文武之道，所宜從之。」〔註134〕「通經釋義」，準確地道出了《白虎通》這部書廣爲流傳的價值意義。陳立疏解《白虎通》時，充分利用辭書、古注來探求古義，利用因聲求義的方法闡釋字、詞，同時還依據文例與上下文闡釋句義，很好地考證了《白虎通》所涉獵的名物與典章制度。陳立的訓詁成績主要表現在梳理古文字的關係、訓釋字義、詞義；串講句意；分析句讀以及考錄闕疑方面。

〔註131〕孔穎達《毛詩正義》卷一，阮元校刻《十三經注疏》本，頁269上欄。
〔註132〕洪誠《訓詁學》，《洪誠文集》，頁8。
〔註133〕洪誠《訓詁學》，《洪誠文集》，頁12。
〔註134〕范曄撰，李賢等注《後漢書》卷六〇下，頁1997。

一、辨明今古文書

文字是記錄語言的符號。古之「六書」之象形、指事、會意、形聲乃造字之法，但漢字在使用的過程中，隨著孳乳分化，以及時代、地域的不同，便形成了通假字、異體字、正俗字等等。陳立疏解《白虎通》時，對於漢字的這種特殊性，基本上一一說明論證，以便達到探求字的本義與引申義以及假借義的目的，從而更好地闡釋文本。

陳立在梳理文字方面最有特色的便是分辨今古文書的問題。由於《白虎通》這部書是由統治者出面調解今古文學家在經義方面矛盾的綜合性著作，其既今文又古文的特點，便是這部書在訓經釋義方面的特殊性。陳立疏解《白虎通》的著力點之一，便是分辨《白虎通》主今文說還是古文說的問題。今文與古文的問題，要溯源到漢字書寫的不同，那麼，辨明今古文書，便是陳立在梳理文字方面比較有特色的地方，對疏解《白虎通》文本有三方面的作用，即：辨今古文書以明所主；辨今古文書以釋義；辨今古文書以校勘。例如：

（一）辨今古文以明所主

1. 卷一《爵·論天子為爵稱》：何以知帝亦稱天子？以法天下也。《中候》曰：「天子臣放勛。」

疏證：……「放勛」，即《堯典》之「放勳」。《說文·力部》「勳」古文作「勛」。又《彳部》「徂」字下，引「勛乃徂」。<u>蓋孔壁之古文。</u>（第498頁中欄）

按：陳立為明《白虎通》文「《中候》曰：『天子臣放勛。』」之「勛」乃古文書而徵引《說文》以證之。考《說文·力部》「𤤽，能成王功也，從力熏聲，許云切。𣍤，古文勳，從員。」段玉裁注云：「《司勳》曰『王功曰勳』，鄭云：『輔成王業，若周公。』……《周禮》故書『勳』作『勛』，鄭司農云：『勛，讀為勳。勳，功也。』按此先鄭以今字釋古文也。故書『勛』字，學者不識，故先鄭云：『此即小篆之勳。』」〔註135〕

但陳立稱「《彳部》『徂』字下，引『勛乃徂』」，誤甚。

考《說文·夊部》：「𡴴，往死也，從夕且聲，《虞書》曰『勛

〔註135〕段玉裁《説文解字注》一三篇下，頁699下欄。

乃殂』。」段玉裁注：「䖠之言退也，退，往也。故曰往死。《玉篇》曰：『殂，今作徂。』」〔註 136〕可見，陳立誤《玉篇》所云「殂，今作『徂』」爲《說文》矣。又，《白虎通》下文《崩薨·論崩薨異稱》云：「禮始於皇帝，至舜堯而備。《易》言沒者，據遠也。《書》言殂落，死者，各自見義。堯見慇痛之，舜見終各一也。」陳立疏解引《說文·歺部》「殂，往死也」，「《虞書》曰『勛乃殂』」〔註 137〕，是也。此蓋陳立未校核文獻而致誤也。

陳立斷定其爲「蓋孔壁之古文」的原因是：

考《說文·歺部》「《虞書》曰『勛乃殂』」，段玉裁注云：「《虞書》，當作《唐書》。『勛乃殂』，二徐本皆如是，宋本《說文》及洪邁所引皆可證。至《集韻》、《類篇》乃增『放』字，至李仁甫乃增之曰『放勛乃殂落』，或用改大徐本，此皆不信古之過也。《堯典》曰「二十有八載，放勳乃殂落」，見《孟子》、《春秋繁露》、皇甫謐《帝王世紀》所引皆如是。此作『勛乃殂』，據《力部》勳者，小篆，『勛』者，古文勳，則許所稱眞壁中文也，而無『放』、『落』二字。蓋孟子、董子所稱者今文《尚書》也。許所稱者古文《尚書》也。孟子何以稱今文《尚書》？伏生本與孔安國本皆出周時，說詳《尚書撰異》矣。放勛，何以但言勛也？或言放勛，或言勛，一也。蓋當世臣民所稱不一也。『殂落』，何以但言殂也，云殂則已足矣，不必言殂落也。《釋詁》：『崩、薨、無祿、卒、殂、落、殪、死也。』《白虎通》曰：『書言殂落，死者各自見義，堯見慇痛之，舜見終各一也。』此其所據皆今文《尚書》。且《爾雅》無妨『殂落』二字各爲一句也。師古注《王莽傳》引《虞書》『放勳乃殂』，則唐初《尚書》，尚有無『落』字者。」〔註 138〕

據段玉裁注所言，則許慎所稱引「勛乃殂」，始無『放』字，末無『落』字，乃古文《尚書》也。陳立蓋據《說文》段注，斷定《白虎通》「放勛」之「勛」字，乃孔壁古文，即古文《尚書》是也。此字的寫定，從側面反映了班固在撰集《白虎通》時，在字裏行間所閃現的古文的思想。

<hr>

〔註 136〕段玉裁《說文解字注》四篇下，頁 162 上欄。
〔註 137〕陳立《白虎通疏證》卷一一，《皇清經解續編》第 5 冊，頁 575 上、中欄。
〔註 138〕段玉裁《說文解字注》四篇下，頁 162 上、下欄。

2. **卷一二《闕文・雜錄》：**天子疾，稱不豫。諸侯稱負子。大夫稱負薪。士稱犬馬。不豫者，不復豫政也。負子者，諸侯子民今不復子之也。負薪，犬馬，皆謙也。

疏證：見《御覽》七百三十九。天子疾曰不豫者，《書・金縢》「既克商二年，王有疾弗豫」，《史記》作「不豫」。《釋文》引馬融本作「有疾不豫」。《論衡・死偽》篇、《後漢・禮儀志》皆引作「不豫」，《說文》引作「不悆」。又《顧命》云「惟四月，哉生魄，王不懌」，《漢書・律曆志》引作「王不豫」。<u>蓋今文作「豫」。</u>是天子疾稱不豫也。（第 584 頁中欄）

按：陳立引諸多文獻，重在說明「豫」，今文也。考《說文・心部》「悆」字下云：「忘也，嘾也，从心余聲，《周書》曰『有疾不悆』，悆，喜也。」段玉裁注云：「《金縢》文，今本作『弗豫』，許所據者，壁中古文。今本則孔安國以今文字易之也。喜者，樂也。此引書而釋之。必釋之者，以書義與字本義別也。」〔註139〕考《說文引經考・心部》「《周書》曰『有疾不悆』，吳玉搢注：「今《書・金縢》作『王有疾弗豫』，古文《尚書》作『悆』，音同，故借。」〔註140〕陳立所稱據文獻作「不豫」者，皆據今文《尚書》也，唯許慎《說文》引《周書》據古文《尚書》也。《白虎通》所主乃今文《尚書》也。

陳立在行文時，除了從字的形體上分辨今古文書外，有時，陳立還會從文句中字的有無方面來判斷其所屬今古文的問題。例如：

3. **卷七《聖人・論古聖人》：**何以言皋陶聖人也？以目篇曰「若稽古皋陶」。聖人而能為舜陳道。「朕言惠可底行」，又「旁施象刑維明」。

疏證：並舉《皋陶謨》文。疏引鄭氏注，以「皋陶」屬下讀……<u>「朕言惠可底行」，亦今文《書》，《本紀》謂「吾言底可行乎」。是古文無「惠」字也。《新序・節士》篇：「《書》曰『象刑旁施惟明』。」與今本作「方施」者異。蓋亦今文也。</u>（第 546 頁中欄）

按：「朕言惠可底行」，《今文尚書考證・虞書・皋陶謨》作：「皋陶曰，朕言惠，可底行？」皮錫瑞注：「《白虎通・聖人》篇曰：『皋陶為舜陳道，『朕言惠，可底行？』蔡邕《獨斷》曰：『朕，我也。古者尊

〔註139〕段玉裁《說文解字注》一〇篇下，頁 509 上欄。
〔註140〕吳玉搢《說文引經攷》卷下，《叢書集成初編》第 1124 冊，頁 147。

卑共之，貴賤不嫌，則可同號之義也。《堯典》曰「朕在位七十載」，皋陶與帝舜言曰：「朕言惠，可底行？」此其義也。』《史記》曰：『吾言底可行乎？』蓋渻文。據《白虎通》、《獨斷》，則今文《尚書》有『惠』字。」〔註 141〕以此互證，《白虎通》有「惠」字，所據爲今文《尚書》也。又，「旁施象刑維明」，《今文尚書考證·虞書·皋陶謨》「方施象刑，惟明」，皮錫瑞注：「今文作『旁施象刑，維明』。」〔註 142〕以皮錫瑞所考，今文作「旁施」，則《白虎通》所主爲今文《尚書》也。

陳立辨別今古文書以主要說明《白虎通》所主今古文的問題還有很多，主要集中在《尚書》、《說文》等所用字的對比中。限於篇幅，此僅列舉，暫不作分析。例如：

4. 卷一《爵·論天子即位改元》：緣終始之義，一年不可有二君。故《尚書》曰：「王釋冕喪服。」

疏證：<u>亦今文《顧命》文也。</u>《書》疏引鄭注云：「王釋冕反喪服。」《禮·喪服》：臣爲君，諸侯爲天子，皆斬衰。<u>古文《尚書》有「反」字，《白虎通》無者，蓋今文也。盧據《通典》補「反」字者，從古文改也。</u>（第 503 頁上欄）

5. 卷八《瑞贄·論合符還圭之義》：公珪九寸，四玉一石。何以知不以玉爲四器，石持爲也。以《尚書》合言「五玉」也。

疏證：盧云：「『持』疑『特』字之誤。四玉一石謂一珪之中，石居四分之一也。」所引《尚書》，《堯典》文。<u>今文伏生傳「五玉」作「五樂」。此蓋古文也。</u>（第 549 頁上欄）

6. 卷八《瑞贄·論見君之贄》：臣見君有贄何？贄者，質也。質己之誠，致己之悃愊也。王者緣臣子之心以爲之制，差其尊卑以副其意也。

疏證：《周禮·大宗伯》「以禽作六摯」，注：「摯之言至，所執以自致也。」《御覽》引《異義》：「謹案：五玉摯，自公卿以下執禽，尊卑之差也。」<u>贄，《說文》作「贄」，云「贄，至也」，「一曰：《虞書》雉贄」。蓋古文《書》也。</u>（第 549 頁上欄）

〔註 141〕皮錫瑞撰，盛冬鈴、陳抗點校《今文尚書考證》卷二，頁 103。
〔註 142〕皮錫瑞撰，盛冬鈴、陳抗點校《今文尚書考證》卷二，頁 123。

7. 卷九《五刑‧論刑法科條》：腓者，脫其臏也。

疏證：《書傳》：「決關梁、踰城郭而略盜者，其刑臏。」《爾雅‧釋詁》：「荆，刖也。」《說文》作跀，云：「跀，斷足也。」《史記‧周本紀》、《漢書‧刑法志》與《書傳》同作「臏」，蓋本今文也。《說文‧骨部》：「髕，黍耑也。」然則脫其髕，謂鑽傷其黍耑之骨也。《公羊》疏引鄭《駁異義》云：「皋陶改臏爲荆，《呂刑》有荆，周改荆爲刖。」又《司刑》注：「刖，斷足也。」荆、刖竝並輕於髕矣。案鄭氏從古文作「荆」，故以荆髕爲二。<u>此兼用今古文，故文從古文，而訓從今文。</u>孟康注《漢志》，以爲「刖左右趾」，則又以髕爲荆也。（第 561 頁下欄）

8. 卷一二《闕文‧朝聘》：公執玉取其暢達也。卿執羔，取其跪乳有禮也。《書》曰：「五玉三帛，二生一死贄。」

疏證：《禮記‧曲禮》：「凡贄，天子鬯，諸侯圭，卿羔。」案玉無暢達之義，當是天子執鬯，取其暢達也。「公執玉」以下有闕文，「有禮也」以下當並載大夫執雁，士執雉之義。義具上《瑞贄》篇。<u>所引「《書》曰」者，古文《尚書‧堯典》也。今文《尚書大傳》「五玉」作「五樂」</u>。《漢書‧郊祀志》亦作「五樂」。《史記‧本紀》作「五玉」，與此所引同也。（第 582 頁中欄）

（二）辨今古文以釋義

陳立疏解《白虎通》時，辨明今古文書，以達到解釋文義的目的，例如：

卷八《白虎通‧論六紀之義》：君臣者，何謂也？君，羣也，羣下之所歸心也。臣者，繵堅也，厲志自堅固也。《春秋傳》曰：「君處此，臣請歸」也。

疏證：《廣雅‧釋言》云：「君，羣也。」《韓詩外傳》及《繁露‧深察名號》篇云：「君者，羣也。」《周書‧諡法解》：「從之成羣稱君。」是羣下所歸心稱君也。《古微書》載《援神契》云：「臣者，堅也。」盧本刪「繵」字。案《廣雅‧釋言》云：「臣，繕也。」繕、繵皆與臣同韻，故得訓也。然「繵堅」二字不當連，疑「繵」下，脫「也」字。《儀禮通解》引此作「臣，牽也。象屈服之形」，與《說文》同也。堅，本從臤得聲，《說文》讀若「鏗」，<u>云「古文以爲賢字」</u>。案《漢校官碑》：「親臤寶智。」《左傳》四年：「鄭伯堅卒」，

《公羊》作「臤」，《穀梁》作「賢」，<u>是堅、臤、賢皆通用</u>，並（從／从）臣得聲。（第 552 頁上欄）

按：陳立引《說文》云「古文以爲賢字」，乃爲了釋義，說明「堅」、「臤」、「賢」皆通用。考《說文‧臤部》：「臤，堅也。从又臣聲。凡臤之屬皆从臤，讀若鏗槍。古文以爲賢字。」段玉裁注：「凡言古文以爲者，皆言古文之假借也……《漢校官碑》『親臤寶智』，又『師臤作朋』，國三老《袁良碑》『優臤之寵』，按漢魏人用優賢字，皆本今文《般庚》『優賢揚歷』句，蓋今文《般庚》固以臤爲賢也。」〔註143〕

《今文尙書考證‧商書‧般庚》「今予其敷心腹腎腸歷」，皮錫瑞注：「今文『予』作『我』，『心腹腎腸歷』作『優賢揚歷』……《三國志‧管寧傳》太僕陶丘一等薦寧曰『優賢揚歷，垂聲千載』，裴松之注曰：『今文《尙書》曰「優賢揚歷」，謂揚其所歷試。』《文選》左太沖《魏都賦》曰『優賢著於揚歷』，張載注曰：『《尙書‧般庚》曰：「優賢揚歷」，歷，試也。』一作『優臤颺歷』……『賢』作『臤』，『揚』作『颺』，皆三家異文。《說文》曰：『臤，古文以爲賢字。』今文《尙書》間有用古字者……」〔註144〕以此知之，則「優賢」，今文《尙書》也，但「賢」，古字也。

陳立意在說明「堅」、「臤」、「賢」三字通用，那麼，三字通用的文獻依據有：

考《說文解字義證》桂馥注云：「堅也者，本書能，獸堅中，故賢能，而彊壯稱能傑也。《考工記》『五分其轂之長，去一以爲賢』，馥謂賢當作臤。《物理論》：『在金石曰堅，在草木曰緊，在人曰賢。』臣聲者，《詩‧卷阿》正義：『《說文》賢，堅也，以其人能堅正，然後可爲人臣，故字從臣。』……古文以爲『賢』字者，成四年《公羊》經『鄭伯臤卒』，疏云：『《穀梁》作賢字。』馥案今《穀梁》作堅，後人改之……」〔註145〕

考《說文解字句讀》王筠注云：「《物理論》：『在金石曰堅，在草木曰緊，在人曰賢。』案此說最允。許君以堅說臤，又曰古文以

〔註143〕段玉裁《說文解字注》三篇下，頁 118 上欄。
〔註144〕皮錫瑞撰，盛冬鈴、陳抗點校《今文尙書考證》卷六，頁 214。
〔註145〕桂馥《說文解字義證》卷八，頁 253 上、下欄。

為賢字,又收緊、堅於本部,皆以臤為主,惟賢以貝為主,似偶誤……《公羊》成四年傳『鄭伯臤卒』,疏云:『《左氏》作堅字,《穀梁》作賢字,今定本亦作堅字。』足徵三字通用。《校官碑》『親臤寶智』,又『師臤作朋』,《袁良碑》『優臤之寵』。」〔註146〕

　　據桂馥、王筠所云,則「堅」、「臤」、「賢」三字通用,陳立說解蓋本此。此例,陳立分析今古文字的不同,以達到通經釋義的目的。

（三）辨今古文以校勘徵引文獻

　　陳立疏解《白虎通》時,有時候會重點突出今古文書的問題,其主要目的則是為了校勘典籍,或校《白虎通》文,或校徵引文獻,僅各舉一例。例如:

（1）**卷五《三軍‧論告天告祖之義》：《尚書》曰：「歸格於藝祖。」**

疏證：《書‧堯典》文,《釋文》引馬注:「藝,禰也。」案《御覽》引《書大傳》作「歸格於藝祖」。又,此下亦引《尚書》言「歸格於祖禰」,班多用今文《書》說,<u>知此亦宜作「歸格於禰祖也」,作「藝」者,後人據古文《書》改也</u>。（第 527 頁中欄）

按：陳立以分辨今古文書來校勘《白虎通》文。考《古文尚書撰異‧虞夏書‧堯典》「歸格於藝祖用特」,段玉裁注:「格,當是本作假。『藝祖』,今文《尚書》作『禰祖』。《尚書大傳》『歸假於禰祖用特,五載一巡守』,《五帝本紀》『歸至於祖禰廟』,此皆今文《尚書》也」〔註147〕,又云:「《白虎通‧三軍》篇:『《尚書》曰:歸假於藝祖。玉裁按此『藝祖』二字,淺人用古文《尚書》改之也。《白虎通‧巡狩》篇亦引『歸假於祖禰』,不應此獨同古文《尚書》作『藝祖』,且上文云『王者將出辭於禰,還格於祖禰』,下引《王制》證辭於禰,引《尚書》證還格於祖禰,則斷非『藝』字,況下文又云《尚書》言『歸假於祖禰』可證乎。」〔註148〕段玉裁對《白虎通》的校勘,良是。陳立說與此同,陳立所言是也。

〔註146〕王筠《說文解字句讀》卷六,頁 104 上欄。
〔註147〕段玉裁《古文尚書撰異》,《皇清經解》第 4 冊,頁 16 下欄。
〔註148〕段玉裁《古文尚書撰異》,《皇清經解》第 4 冊,頁 17 上欄。

（2）卷一一《崩薨‧論崩薨異稱》：《書》曰：「<u>成</u>王崩。」

疏證：《顧命》文也。彼云：「乙丑，王崩。」《釋文》、馬本作「成王崩」，
注：「安民立政曰成。」《周禮‧司几筵》注、《天府》注，先鄭皆
引作「成王崩」。是今文古文皆有「成」字也。成王，本生號，死
而因以爲諡。故《酒誥》「王若曰」，諸本作「成王若曰」，《書》
疏引歐陽、大小夏侯云：「王年長，骨節成立。」《釋文》引馬註：
「言成王者，未聞也。吾以爲後錄書加之。」又注云：「或曰：以
成王爲少成二聖之功，生號曰成王，没因爲諡。」衞賈以爲「戒
成康叔以愼就，成就人之道也。」《魯世家》：「管叔及其羣弟流言
於國曰：『周公不利於成王。』」《書》疏云：「鄭《書》注亦云『成
王言成道之王』。」<u>偽孔於二篇皆刪去「成」字，非也。</u>（第 575
頁上欄）

按：《古文尚書撰異‧周書‧顧命》「成王崩」，段玉裁注：「《釋文》曰
『王崩』，馬本作『成王崩』，注云：『安民立政曰成。』《周禮‧
司几筵》鄭仲師注云：『《書‧顧命》曰：「翌日，乙丑，成王崩。」』
《漢書‧律曆志》云：『《顧命》曰：惟四月，哉生霸，王有疾不
豫，甲子，王乃洮沬水作《顧命》，翌日，乙丑，成王崩。』《白
虎通‧崩薨》篇云：『《書》曰：成王崩，天子稱崩何？別尊卑異
生死也。』玉裁按班所引今文《尚書》，鄭、馬古文《尚書》，同
有『成』字，偽孔刪之，非也。說詳《酒誥》。《周禮‧天府》注
引《書》無『成』字，或後人刪之，王鳳喈、孫詒穀皆云：『《天
府》注有『成』字。』或其所見者善本，俟攷。」〔註149〕段玉裁
論證了今古文《書》皆有「成王崩」，偽孔刪「成」，非也。陳立
說同段玉裁說，結論可靠。

二、訓釋字義、詞義

《白虎通》一書在考證名物、闡釋典章制度方面是一部百科全書，《白虎
通》原文有很多訓詁語，或形訓，或聲訓，或義訓。陳立在疏解《白虎通》
時，爲了證明文義，利用了很多訓詁方法來求證。

〔註149〕段玉裁《古文尚書撰異》，《皇清經解》第 4 冊，頁 103 中欄。

（一）以古訓釋義

1. 利用辭書釋義

　　陳立訓釋字、詞義時引用了大量的辭書爲根據。據統計，陳立引《說文解字》約 235 處、《釋名》約 99 處、《爾雅》約 79 處、《廣雅》約 78 處、《經典釋文》約 50 處、《方言》約 8 處、《廣韻》約 11 處、《玉篇》約 6 處、《小爾雅》約 2 處、《一切經音義》約 9 處，等等。其中，尤以引據《說文》爲多，而《釋名》、《爾雅》、《廣雅》次之，《經典釋文》等又次之。例如：

　　（1）**卷一《爵・論天子諸侯爵稱之異》**：<u>卿之爲言章也</u>，章善明理也。（第 500 頁上欄）

　　　　按：爲解釋「卿之爲言章也」之含義，陳立引《廣雅》、《說文》兩部辭書所釋「卿」之含義爲證，且又說明了「卿」、「章」二字疊韻爲訓的關係。

　　（2）**卷一《爵・論諸侯襲爵》**：世子上受爵命，衣士服何？謙不敢自專也。故《詩》曰「<u>靺韐有赩</u>」，謂世子始行也。（第 502 頁中欄）

　　　　按：陳立疏解時首先明確「所引《詩》者，《小雅・瞻彼洛矣》文……今《毛詩》作『奭』，與此作『赩』異」〔註 150〕，然後引《說文解字》、《爾雅・釋訓》、《經典釋文》、《廣雅》、《一切經音義》五部辭書對「奭」、「赫」與「赩」的釋義，得出「奭」、「赫」通用，又得出「訓盛貌者，『奭』爲正字，『赫』爲假借。訓赤貌者，『赫』爲正字，『奭』爲假借。後人又因『赫』作『赩』」的結論〔註 151〕，信而有徵。

　　（3）**卷二《諡・總論諡》**：<u>諡者，何也？諡之爲言引也，引列行之迹也</u>。所以進勸成德，使上務節也。（第 507 頁中欄）

　　　　按：陳立疏解時引《說文解字》、《釋名》、《釋文》三部辭書及故訓材料來訓解「諡之爲言引也」之義，「諡」、「引」、「愼」，陳立言「音義輾轉亦得相通」〔註 152〕，是也。

〔註 150〕陳立《白虎通疏證》卷一，《皇清經解續編》第 5 冊，頁 502 中欄。
〔註 151〕陳立《白虎通疏證》卷一，《皇清經解續編》第 5 冊，頁 502 中欄。
〔註 152〕陳立《白虎通疏證》卷二，《皇清經解續編》第 5 冊，頁 507 中欄。

（4）卷四《五行‧總論五行》：<u>水之爲言准也</u>，養物平均，有准則也。

疏證：舊本誤「准」作「淮」，（梁本／何本）又誤改作「濡」，今依盧氏
校改。「養物平均」二句，舊作「陰化沾濡任生木」，盧氏據《月
令》疏引改正。……盧云：『准』與『準』同。見《逸周書》、《管
子》、《文子》。又，《莊子》、《淮南子》、《家語》皆有此字。（第 521
頁下欄）

按：「水之爲言准也」，「准」，陳立首先明確舊本誤作「淮」字，批評何
本誤改作「濡」。然後，陳立引《廣雅》、《釋名》、《說文解字》以及
《爾雅》等辭書資料的訓解，並轉引盧校「『准』與『準』同」所稱
引的文獻作爲立論根據，論證「准」，是。「准」與「淮」，形近而訛。

（5）卷五《誅伐‧總論誅討征伐之義》：<u>篡者，何謂也？篡猶奪也，取</u>
<u>也</u>。欲言庶奪嫡，孽奪宗，引奪取其位。《春秋傳》曰：「其言入何？篡詞也。」
（第 530 頁上欄）

按：陳立引《說文解字》與《爾雅》兩部辭書以及故訓材料解釋「篡」
之「奪」或「取」之含義，是也。

2. 利用古注釋義

陳立引書涉及經、史、子、集四部，限於篇幅，不一一統計，筆者僅就徵
引《十三經注疏》的情況做一統計，十三經的古注大多產生於漢代，最遲唐前，
基本上保存了中古以前語言訓解的特點。陳立引《周易正義》約 79 處、《尚書
正義》約 66 處、《毛詩正義》約 330 處、《周禮注疏》約 392 處、《儀禮注疏》
約 327 處、《禮記正義》約 1157 處、《春秋公羊傳注疏》約 518 處、《春秋左傳
正義》約 240 處、《春秋穀梁傳注疏》約 68 處、《論語注疏》約 67 處、《孝經注
疏》約 39 處、《爾雅注疏》約 95 處、《孟子注疏》約 103 處。其中，尤以引據
《禮記正義》最多，而《春秋公羊傳注疏》次之，《周禮注疏》、《毛詩正義》、《儀
禮注疏》、《春秋左傳正義》等又次之。從側面可以看出兩個問題：一是《白虎
通疏證》與禮學有密切的關係；二是《白虎通疏證》與今古文學亦有密切的聯
繫。此僅討論陳立利用典籍古訓來訓解字、詞義的案例，例如：

（1）卷一《爵‧論天子諸侯爵稱之異》：<u>公卿大夫何謂也？內爵稱也</u>。（第
500 頁上欄）

按：陳立依次引《儀禮‧喪服傳》鄭注、《周禮‧太宰》鄭注、《周禮‧

司儀》鄭注、《儀禮・士相見》鄭注所釋「爵」的含義，闡釋了《白
虎通》文「公卿大夫何謂也？內爵稱也」的含義。

（2）卷二《號・論君子爲通稱》：<u>何以知其通稱也？以天子至於民。</u>故
《詩》云「愷悌君子，民之父母」。《論語》曰：「君子哉若人。」此謂弟子，
弟子者，民也。（第 504 頁下欄）

　　按：陳立引用《周易集解》、《荀子》楊倞注、《儀禮・士相見》鄭玄注、
　　　　《禮記・玉藻》鄭玄注、《毛詩・東門之池》孔疏以及《論語・公冶
　　　　長》等所言「君子」的含義，得出「君子」爲通稱，即天子、諸侯、
　　　　卿、大夫、士、庶人，皆可以稱爲「君子」，是也。

（3）卷五《誅伐・總論誅討征伐之義》：<u>襲者，何謂也？行不假途，掩人
不備也。</u>《春秋傳》曰：「其謂之秦何？夷狄之也。曷爲夷狄之？秦伯襲鄭。」
入國掩人不備，行不假途，人銜枚，馬纙勒，晝伏夜行爲襲也。（第 530 頁上欄）

　　按：陳立爲解釋「襲」之含義，引《春秋穀梁傳》范甯注、《春秋左傳》
　　　　孔穎達疏、《春秋公羊傳》何休注、《周禮・銜枚氏》鄭玄注、《孟子》
　　　　趙岐注、《淮南鴻烈解》許慎注六則古訓資料來解釋「襲」的含義，
　　　　詳實可靠。

（二）因聲求義

　　王念孫云「詁訓之旨，本於聲音，故有聲同字異，聲近義同，雖或類聚
羣分，實亦同條共貫」〔註153〕，這是高郵王氏父子主要的訓詁思想，所使用
的方法便是「因聲求義」。王引之《經義述聞・序》云：「大人曰：詁訓之指
存乎聲音。字之聲同、聲近者，經傳往往假借；學者以聲求義，破其假借之
字，而讀以本字，則渙然冰釋。如其假借之字，而強爲之解，則詁鞫爲病矣……
古字多假借也。」〔註154〕陳立疏解《白虎通》時也非常注意字的假借、雙聲、
疊韻等問題。

　　1. 卷一《爵・論制爵五等三等之異》：<u>子者，孳也。孳孳無已也。</u>（第 499
　　　頁中欄）
　　按：陳立依次引《禮》疏引《元命苞》、《獨斷》、《史記》注引張君相《老

〔註153〕王念孫《廣雅疏證》序，《叢書集成初編》第 1161 冊，頁 2。
〔註154〕王引之《經義述聞》序，《讀書箚記叢刊》第二集，第 23 冊，頁 2 上欄。

子》注、《宋書》引《詩·推度災》、《淮南·天文訓》、《白虎通·三綱六紀》、《釋名·釋親屬》等闡釋了「子、孳、茲、滋，音義通」〔註155〕，「孳」、「茲」、「滋」，同有「茲」旁，與「子」諧聲，故此四字音同通用。且陳立運用諧聲偏旁，聲同通用，訓釋了「茲茲」與「孳孳」二疊字的含義。

2. 卷三《禮樂·總論禮樂》：禮貴<u>忠</u>何？禮者，盛不足，節有餘。使豐年不奢，凶年不儉，貧富不相懸也。（第 511 頁中欄）

　按：陳立意在反駁孫志祖「『忠』當作『中』」之論。陳立云「忠與中通」〔註156〕，并引《釋文》、偽孔《尚書》、《禮記》以及碑刻等爲證，言之合理，是也。

3. 卷六《災變·論霜雹》：<u>霜之爲言亡也</u>。陽以散亡。（第 537 頁上欄）

　按：「霜之爲言亡也」，陳立首先引《御覽》引《考異郵》文以爲證，又引《說文》、《釋名》皆云「霜，喪也」〔註157〕，陳立注意到「喪」、「亡」二字的疊韻，音近義通也。

4. 卷八《性情·論五藏六府主性情》：<u>肝之爲言干也</u>。（第 553 頁上、中欄）

　按：陳立依次引《廣雅·釋親》、《釋名·釋形體》、《五行大義》文爲之疏解，陳立云「干、幹、肝音義通」〔註158〕，此三字同有「干」旁，按照諧聲偏旁理論，此三字音同通用。

（三）依文例求義

陳立疏解《白虎通》時注意到考察文例，利用相對成文來解釋字義，例如：

卷一《爵·論庶人稱匹夫》：<u>庶人稱匹夫者，匹，偶也</u>。與其妻爲偶，陰陽相成之義也。（第 501 頁上欄）

　按：陳立引《禮記》鄭注與《孟子》趙岐注，依據文例，相對成文的道理，總結了「匹」的兩個含義：「偶」義，與「妻」相對；「獨」義，與「衆人」相對。

〔註155〕陳立《白虎通疏證》卷一，《皇清經解續編》第 5 冊，頁 499 中欄。
〔註156〕陳立《白虎通疏證》卷三，《皇清經解續編》第 5 冊，頁 511 中欄。
〔註157〕陳立《白虎通疏證》卷六，《皇清經解續編》第 5 冊，頁 537 上欄。
〔註158〕陳立《白虎通疏證》卷八，《皇清經解續編》第 5 冊，頁 553 中欄。

（四）據上下文求義

《白虎通》包含諸多的名物詁訓，陳立疏解時充分利用《白虎通》上下文所解釋字的含義來證成文義。例如：

卷一《爵‧論天子諸侯爵稱之異》：<u>大夫之爲言大扶</u>，扶進人者也。（第500頁中欄）

> 按：爲訓解「大夫之爲言大扶」，陳立引《白虎通‧五行》所釋「大」的含義，即「大者，大也」〔註159〕；《嫁娶》篇所言「夫」的含義，即「夫者，扶也」〔註160〕，來達到綜合訓解「大夫」一詞的目的。

三、疏通文句

陳立疏解《白虎通》時，不僅注意解釋字、詞的含義，而且還從整體上來關照文句的意義。有時候，陳立採取演繹法，先闡釋文句含義而後引文獻證明之，例如：

卷三《禮樂‧論四夷之樂》：《樂元語》曰：「受命而六樂，樂先王之樂，明有法也。興其所自作，明有制。興四夷之樂，明德廣及之也。

> 疏證：自此盡「順命重始也」，皆《樂元語》文……則班氏所見《樂記》，已非獻王之舊矣。案首句有脫，當云「受命而興六樂」。<u>「明有法」者，遵先代之法。「明有制」者，言自制作也</u>。故《漢‧禮樂志》云：「蓋樂己所自作，明有制也。樂先王之樂，明有法也。」是也。（第513頁上欄）

> 按：陳立以「……者……」與「……者……也」的判斷句式，分別解釋了《白虎通》文「明有法」與「明有制」二句的意義。

有時候，陳立採取歸納法，在徵引文獻的基礎上概括《白虎通》文句的含義，例如：

卷六《辟雍‧總論入學尊師之義》：小學，經藝之宮。大學者，辟雍鄉射之宮。

> 疏證：《文王世子》云：「春、夏教干戈，秋、冬教羽籥，皆於東序。」又云：「禮在瞽宗，書在上庠。」<u>是則餘子初入小學，則習書於虞</u>

〔註159〕陳立《白虎通疏證》卷一，《皇清經解續編》第5冊，頁500中欄。
〔註160〕陳立《白虎通疏證》卷一，《皇清經解續編》第5冊，頁500中欄。

氏之學，習禮樂於殷之學，習舞於夏后氏之學，<u>是小學爲經義之宮也。</u>〔註161〕至入大學之時，仍兼習四術，故《王制》注「習禮於大學」，明其餘亦習於大學也。《大雅》疏引鄭《駁異義》云：「玄之聞也，《王制》大學在郊，天子曰辟雍，諸侯泮宮，天子將出征，受命於祖，受成於學。」然則大學，即辟雍也。案鄭《鄉射目錄》云：「州長春秋以禮會民，而射於州序之禮。」然則鄉射不於大學，<u>此云「鄉射之宮」者，蓋謂天子、諸侯大射必行鄉射之禮，故亦得稱鄉射焉。</u>《鄉射》記云：「於郊則閭中」，注：「大射於大學。」是也。（第535頁上欄）

按：陳立在徵引文獻的基礎上分別闡釋了「小學爲經藝之宮」、「大學爲鄉射之宮」的含義，既有理又有據，是也。

四、分析句讀

陳立疏解《白虎通》時，除了訓解字、詞、句的含義之外，有時候，也會注意到論說句讀來達到疏解《白虎通》文的目的。例如：

卷八《三綱六紀‧論六紀之義》：朋友之交，近則謗其言，遠則不相訕，一人有善，其心好之。一人有惡，其心痛之，貨則通而不計，共憂患而相救，生不屬，死不託。故《論語》曰：「子路云：『<u>願車馬衣輕裘與朋友共敝之。</u>』」又曰：「朋友無所歸，生於我乎館，死於我乎殯。」

疏證：趙曦明云：「『貨則』當『貨財』之誤。」案小字本「則」作「財」。<u>皇侃《論語義疏》以「與朋友共敝之」爲句，證以《白虎通》「貨財通而不計」，故《論語》曰「願車馬衣輕裘與朋友共敝之」，則班氏引《論語》，不以「敝之」屬下讀也。</u>（第552頁中欄）

按：「願車馬衣輕裘與朋友共敝之」，出自《論語‧公冶長》，其文云：「顏淵、季路侍，子曰：『盍各曰爾志？』子路曰：『願車馬、衣輕裘，與朋友共，敝之而無憾。』」〔註162〕陳立以皇侃《論語義疏》與班固引《論語》皆以「敝之」屬上讀，作「與朋友共敝之」，那麼「貨財通而不計」，便是題中之義，陳立又引王肅語以及包氏語爲證，是也。

〔註161〕「義」，疑當爲「藝」。
〔註162〕邢昺《論語注疏》卷五，阮元校刻《十三經注疏》本，頁2475中欄。

有時候，陳立論說句讀的不同，不是爲了單純訓詁，而是爲了辨明《白虎通》文所主的今古文說。例如：

卷七《商賈》：即如是，《尚書》曰「肇牽車牛，<u>遠服賈用</u>」何？言遠行可知也。方言「欽厥父母」，欲留供養之也。

疏證：……盧云：「上言『即如是』，下言『何』，乃難問之詞，下『方言』疑是『亦言』或『又言』之誤，『欽』字或是『孝養』之異文。此仍是申『止曰賈』之義。」案今古文《書》皆無攷，<u>此以「用」屬「賈」讀，蓋今文說也</u>。（第547頁下欄）

按：「肇牽車牛」云云，出自《尚書・酒誥》，其文云：「妹土嗣爾股肱純，其藝黍稷，奔走事厥考厥長。肇牽車牛，遠服賈，用孝養厥父母。」孔傳：「農功既畢，始牽車牛，載其所有求易所無，遠行賈賣，用其所得珍異，孝養其父母。」〔註163〕陳立云「用」上讀，即《白虎通》「遠服賈用」，則爲今文《尚書》說。

五、闕疑待考

陳立疏解《白虎通》時，考證了大量名物，闡釋了很多典章制度，但依然有陳立未能作解的，多是文獻不足之故，對此，陳立存疑以俟考，有一種實事求是的學術態度。例如：

卷三《禮樂・論五聲八音》：鞀者，震之氣也。<u>上應昴星</u>，以通王道，故謂之鞀也。（第515頁中欄）

按：陳立云「其『上應昴星』故，未詳」〔註164〕，何謂「上應昴星」，現據電子檢索，依然文獻不足，亦從陳立闕疑俟考。

綜述，在體例方面，陳立除了繼承了盧校本《白虎通》所開創的某些篇目設置外，另有創造與取捨。在校勘方面，陳立對《白虎通》原文、盧文弨之校注與所徵引文獻的校勘都取得了重要成果。在訓詁方面，陳立利用辭書、古注，採用適當的訓詁方法，在梳理今古文書、解釋字、詞義、疏解文句等方面均達到了「暢隱抉微」的目的。

〔註163〕孔穎達《尚書正義》卷一四，阮元校刻《十三經注疏》本，頁206中欄。
〔註164〕陳立《白虎通疏證》卷三，《皇清經解續編》第5冊，頁515中欄。